KB043269

왕의 소통

왕의 소통 권력과 문화의 짝춤

초판 1쇄 발행 2022년 12월 30일

지은이 이흥재

펴낸이 김선기
펴낸곳 (주)푸른길
출판등록 1996년 4월 12일 제16-1292호
주소 (08377) 서울시 구로구 디지털로 33길 48 대륭포스트타워 7차 1008호
전화 02-523-2907, 6942-9570~2
팩스 02-523-2951
이메일 purungilbook@naver.com
홈페이지 www.purungil.co.kr

ISBN 978-89-6291-992-9 03900

왕의 소통

권력과
문화의
짝춤

푸른길

머리말

하늘이 임금을 세운 것은 백성을 위해서입니다. 백성이 어려운 상황인데 좀 더 깊이 생각하지 않아서야 되겠습니까. 오늘날 인심이 바르지 않습니다. 관리는 백성을 사랑하는 마음이 없고 법령은 이루어지지 않아 어찌할 수가 없게 되었습니다. 임금께서 성심으로 백성을 위로하시고 근본을 바로 잡아 기강을 세워야 합니다.

율곡이 왕에게 올린 글이다. 진심 어린 충성을 간절히 담아서 그 울림이 크다. 단순 명확한 이 내용은 만고의 진리이다. 우리는 목숨을 걸고 바른 소리를 내는 신하의 기개에 감동하며 서슴없이 말해도 되는 그때의 사회 분위기에도 주목해야 한다.

절규하며 소통하는 이런 직언이 미덕이었던 조선시대, 그 사회문화를 어찌 가볍게 보겠는가. 무력으로 세운 조선이지만 지식과 논리에 바탕을 두고 국가를 경영했다. 국가 경영의 기틀은 조선유학의 인식 논리였으며 왕은 무보다 문을 숭상하고 인문정신으로 꽉 찬 르네상스를 꿈꿨다. 관리들은 지식 충만한 학자로서 지식군주를 만드는 데 앞장섰다. 어린 왕세손을 일찍부터 가르치고 왕이 된 뒤에는 정책을 함께 논의하며 뒷받침했다. 세상의 흐름과 동떨어지지 않게 곧은 길로 왕을 안내하는 데 몸 바친 것이다.

북방에서 흘러온 유학은 조선에서 독창적으로 발전해 사회문화의 길잡

이가 되었다. 개개인 또는 공동체에 체화되면서 날개를 달고 조선유학으로 자연스럽게 훨훨 날아올랐다. 인간의 도리를 안내하는 등불이자 권력과 사회를 올바르게 표시하는 솟대였다.

지식국가 조선에서 왕이 왕답게 행동하도록 길을 닦는 것은 관리의 소중한 역할이었다. 관리는 온 정성을 다해 바른말을 하는 것이 충성이라고 믿기 때문에 왕이 언로를 막으면 벌떼처럼 쏘아댄다. 이러한 역할이 때로는 서로 불편해도 함께 앞으로 나아가는 길이기에 존중했다. 이로 인해 왕의 소통은 아름다운 공진화를 이루는 협력시스템으로 법제화되었다.

조선시대가 오래도록 이어질 수 있었던 힘은 바로 여기에 있다. 그것은 권력이 횡포를 부리도록 놓아두지 않는 '사회문화의 힘'이다. 서로가 제 일을 하면서 민본주의를 실현하는 데 권력을 사용했다. 유학이 제시하는 역할론을 지표로 삼고 권력과 문화가 함께 춤춘 것이다. 문화 없는 권력은 위험하고, 권력 없는 문화는 무력하다. 근세조선에서는 권력과 문화가 서로 손잡고 춤출 수 있도록 왕의 소통을 제도로 만들었다. 이렇게 사회문화로 활짝 꽃핀 조선을 '문화국가'라고 부른다.

죽음으로 내몰릴 극단적인 상황에서도 조선 선비들은 지식 논리로 싸웠다. 시대가 바뀌면 또 다른 논리를 창의적으로 만들어 내고 뜻이 같은 사람들이 뭉쳐 공감대를 확산시켰다. 그리고 제 역할이 끝나면 또 다른 지식공동체를 만들어 논쟁을 벌였다. 논쟁은 이성적 비판과 논리적 설득으로 이어졌다. 그리고 그 지식이 새로운 권력을 창출했다.

소통이 힘든 시절이었지만 존중하며 소중하게 여겼기 때문에 상하좌우 원활하게 이루어졌다. 중앙과 지역의 공간적 벽을 텄고, 왕과 신하의 인간적 경계를 얇게 했으며, 고전의 논리를 데이터로 논증해 설득력을 키우며 시간의 벽을 허물었다. 사회가 지속발전될 수 있도록 애쓴 것이다.

밑바닥 낭인들이 '무사'라는 이름으로 힘을 자랑하던 당시 일본. 그곳 학자들 눈에 조선은 유약하게 보였을지 모른다. 권력 투쟁으로 허구한 나날을 보내는 것처럼 보였을 것이다. 무능해서 당했다며 조선 약탈조차도 미화하던 교설㤼說을 그대로 받아들인 우리 학자들은 반성해야 한다. 수준 낮은 무력사회에서 문해력사회로 겨우 진입하게 된 것을 자랑삼아 문화文化라는 말로 쓰는 일본이다. 우리는 조선시대에 이미 문화文華로 자리를 굳힌 민족이다. 조선에서 문화가 사회권력이나 정치권력을 이끌어 가는 것이었음을 자랑스럽게 여겨야 한다.

지금 우리는 민주주의의 사회문화에 살고 그것을 시스템으로 잘 갖추고 있다. 그런데 바탕 무늬인 민본주의는 그저 장식처럼 보인다. 권력은 휘모리장단으로 내달리며 점점 더 확대되고 있다. 정치, 경제, 사회공동체, 학술 분야의 전문화보다는 권력 집중화로 가고 있다. 당연히 창조적이지 못하고 투쟁적인 전략전술만 더 늘어나니 미래 지속발전을 생각하면 안타깝고 두렵다.

물론 우리 시대 언로는 열려 있고 불특정 다수와의 소통 방법도 창발적이다. 겉넓이는 넓지만 그 안에 진정성이 없어서 착한 돌파구를 만드는 것까지는 이르지 못한다. 시원한 사이다 발언은 목을 축이는 데까지만 효력이

6

있을 뿐, 새로운 힘을 끌어내지는 못한다.

우리나라 사회문화적 소통의 뿌리가 궁금해서 이 책을 쓰게 되었다. 왕의 권력과 사회문화라는 돋보기를 들고 찾아 보았다. 자기 현미경으로 역사를 보고 싶어 하는 마음만 앞선 곳도 많다.

원고를 다 끝내놓고도 망설이고 있다가 많은 분들의 검토를 받게 되었다. 원고를 검토하고 수정하는 데 많은 도움을 주신 오양열 박사님, 전공자로서 코멘트와 평론을 보내 주신 윤춘호 위원님, 독자 입장에서 고견을 덧붙여 주신 정정숙 박사님께 매우 감사하다. 또한 큰 줄기를 잡아 주시고 평론해 주신 정상철 교수님, 귀한 자료를 수집해 주신 이영희 박사님, 원고 정리를 도와주신 김선영 교수님께도 감사하다. 늘 그러셨지만 어려운 사정인데도 선뜻 출판을 맡아주신 김선기 사장님, 편집팀께도 머리 숙여 감사드립니다.

집필 완료 후 거의 10개월의 숙성기간 동안 많은 도움을 받아 이 수준에서 마무리하게 된 것이 나에게는 큰 행운이다. 이제는 이 글을 읽는 분들의 시간이다. 저자가 미처 찾아내지 못한 의미를 즐길 수 있다면 보람으로 삼겠다.

2022년 겨울에
이흥재 씀

차례

들어가는 말

1. 실종된 말 '아니 되옵니다'

우리는 역사 드라마를 볼 때 '아니 되옵니다'라는 말을 귀가 따갑게 듣는다. 늙수그레한 원로대신이 한 발 앞으로 나서서 근엄하게 임금에게 진언을 한다. 그러고 나면 신하들이 벌떼처럼 함께 따라 외치는 모습이 넓은 화면을 채운다.

오늘날에는 듣기조차 힘든 이 말을 그 당시 언관들은 입에 달고 살았다. 『조선왕조실록』에는 '아니 되옵니다(不可)'가 6만 5천 번 이상 등장한다. 성종이 "언관들이 나를 손도 마음대로 놓지 못하게 할 정도"라고 투덜거릴 정도이다(『성종실록』 95권, 성종 9년 8월).

서슬 퍼런 근세조선의 관리들이 절대왕권에서 할 말을 다 하면서도 자기 자리를 지켜 냈다는 사실을 오늘날 어떻게 받아들여야 할까. 무지막지한 권력을 갖는 왕의 면전에 외쳐대는 '아니 되옵니다'는 매우 위험하지만 통했고 뒤탈도 적었다.

관리들은 도대체 뭘 믿고 그렇게 당당할 수 있었을까. 서둘러 답을 내리자면 그들이 믿을 수 있는 것은 역설적이게도 왕이었다. 그들의 외침은 왕을 인격적으로 통제하려는 것도, 관리집단의 정치적 항거도 아니었다.

원로들의 외침은 왕이 '왕답게' 국정을 이끌어 가게 하려는 순수한 절규였다. 책임 있는 지식관리들이 자기 위치에서 '해야 할 일'을 제대로 하는 것뿐이었다. 이것이 왕명에 거역하는 것이 아니기에 왕은 그들의 외침을 어여삐 여겼다. 무엇이, 왜 아니 되는지를 논리적으로 비판하는 지적인 토론마당이었기에 왕도 같이 즐겼다. 이것이 왕의 '품격'이었고 당시 사회의 '문화'였다.

지금은 우리 사회 어디를 훑어봐도 이런 말을 찾기 어렵다. 불의에 바짝 엎드려 눈을 감고 승진 기회에만 눈을 희번덕거리는 공직자가 있는가 하면 높은 성과 경쟁에만 열을 올리는 엘리트들도 있다.

그런데 광화문에는 걸핏하면 100만 명이 모여서 '아니 되옵니다'를 외친다. 조직 속 개인은 숨을 죽이는데, 광장의 시민들은 '결사반대'를 목 터지게 외친다. 그렇다면 '아니 되옵니다' 정신이 실종되지는 않은 것 같다. 역사를 따라 내려와 국민들의 몸속에 DNA로 면면히 이어져 오고 있다. 그 뿌리는 어떤 모습이며, 우리는 이런 변화를 어떻게 봐야 할 것인가?

우리 사회는 바닥에서 헤매다가 민주주의와 경제 발전을 한꺼번에 일으킨 유례없는 나라라고 자화자찬한다. 짧은 시간에 습득해서 실천하고 뿌리내렸기 때문에 이 점은 사실이다. 하지만 그것만이 전부는 아니다.

조선시대 수백 년 역사 속에서 공공성을 강조하고 관계와 참여를 소중히 여기고 넓혀 간 '바닥 다짐' 덕분에 사회가 폭 넓게 발전한 것은 아닐까. 이러한 사회의 발전에도 불구하고 아직 여기저기서 핏대를 세우는 이들이 많다. 이 외침은 더 이어져 더 멀리 뻗어갈 것으로 보인다.

왜 아직도 외칠 수밖에 없을까. 각종 권력은 점점 커지는데 역사를 이어 내려온 문화는 바뀌었다. 우리에게 필요한 다양한 사회가치가 '권력 선용'으로 움직이고 실천되지 못하고 있다. 통치력이나 경제 효율성 가치 못지 않게 사회문화적 가치에 중점을 두지 못하기 때문이다.

공공의사결정 과정에서 책임성이나 권력에 대한 통제에는 문화적 힘이 크게 작용한다. 정치 현상으로 보는 데 그치지 말고 역사와 사회문화의 흐름을 함께 살펴보아야 한다. 우리 역사 속에서 제도와 사회문화적 가치를 함께 엮어 보면 다른 결론에 이를 수도 있다. 어떤 이들은 서구 합리주의 가치가 유입되어 이화수정異花受精으로 뿌리를 못 내렸기 때문에 이 꼴이라고 말하기도 한다.

왜 '과거에 대한 반동'과 '미래에 대한 낙관'을 함께 살펴보아야 하는가? 우리 사회는 지금 전환기이다. 전환기를 살고 있는 우리의 미래는 불안하므로 '소셜디자인'을 위한 전략을 찾아야 한다. 잘못된 관행들을 고치고 지속발전해야 한다.

현재 우리는 인간의 욕망을 자극하면서 발전한 자본주의 생태에서 자기 이익을 챙기는 데만 힘을 쏟고 사회 공공성을 외면하고 있다. 이런 행동을 적당주의나 보신주의라는 말로 멋지게 표현하는 것은 위험하다. 더 늦기 전에 미래를 담보할 '벼루줄'을 단단히 잡고 투망을 던져야 한다.

우리 국민들은 '높은 공공심'을 보여 주면서 서로 배려하는 자랑스러운 DNA를 지니고 있다. 그것은 억지로 접착시킨 것이 아니라 사회문화의 변화에 따라 자연스럽게 날줄과 씨줄로 엮어진 것이기에 낙관적이다.

2. 역사 속 권력과 문화

역사를 흐르는 물이라고 한다면 문화는 그 물길이 아닐까 생각한다. 역사는 흘러간 흔적이고 문화는 흘러온 현실이다. 그 물길을 따라서 나무가 자라고 동물이 모이고 인간이 집을 짓고 산다. 그렇게 인간들이 함께 모여 만들어 낸 것이 곧 사회문화일 것이다.

　사회문화는 역사를 따라 흐르며 생태계를 형성한다. 제대로 된 국가를 만들려면 우리는 역사를 보는 '밝은 눈'을 길러야 한다. 그러기 위해서는 먼저 역사적 사실이 주는 의미를 파악하고 올바로 이해해야 한다. 확인하려고 돋보기를 들이댔는데 사실이 아닌 것을 보거나 권력의 힘만 좇으면 엉뚱한 결론에 이를 수도 있다.

　각자 전공한 지식을 잣대로 삼아 '공공역사(public history)'의 눈으로 역사 속 많은 문제를 살펴보면 유용한 사실을 찾아낼 수 있다. 제도화된 자료에 나타난 특징을 해석하며 역사적·제도적으로, 구본신참舊本新參의 정신으로 접근해 보자.

현재 우리는 예로부터 내려오는 우리의 정신을 소중히 생각하지만, 삶의 현장에서는 서양에서 온 기술에 기대고 산다. DNA로 내려온 '정신'을 품은 채 서구사회에서 개발, 도입된 '기술'을 날것으로 받아쓰고 있는 것이다. 그러다 보니 정작 소중한 것들은 놓치고 더 나아가지 못하는 안타까움 때문에 동동거리고 있다.

현대사회를 논의하면 새삼스럽게 정신가치를 되새김질하게 된다. 편리한 기술만 따라가는 천박한 기술사회에서 못 벗어나 '기술이 질주하는 정신 없는 세상'으로 갈지 모르기 때문이다. '품격 있는 문화사회'로 지속발전하기 위해서는 뿌리 깊은 정신 토대 위에 새 기술을 덧입혀야 한다. 그래서 현대 기술주도사회에 살면서도 머릿속이나 감성은 유학에서 비롯된 사회문화를 떠올린다.

조선시대의 정치·경제환경 또는 사회문화를 이야기할 때는 현대사회적 개념으로 '할인'하고 남용하지 않도록 조심해야 한다. 서로 다른 환경에서 생겨난 일이지만 공통된 맥락을 찾아서 접근하고 공감대를 넓혀야 한다.

우리는 지금 서구 사회문화에 익숙해져 간혹 조선시대의 아름다운 '격'을 내팽개치고 있다. 우리 문화의 원형이지만 지금은 사회에 자리 잡고 있는 것조차 외면당하는 현실급변의 질주를 멈춰 세울 뿌리를 찾아보려고 한다.

사회가 용광로라면 문화는 내연기관이다. 사회문화 현상을 논의할 때 우리는 '문화적 의미'를 중요하게 다룬다. 문화는 사회와 국가를 유지하는 큰 힘이며 정치·경제 활동에 플랫폼을 제공한다. 근세조선의 사회시스템 속에서 당사자들의 관계, 공유지식, 생각, 태도, 행동에 따라서 사회가 디자인되었다고 보는 것이다.

정치를 반영하는 권력과 사회를 반영하는 문화력은 어떤 관계로 움직였을까? 이 궁금증을 풀기 위해 조선시대 왕과 관리 사이의 다양한 소통 메커니즘과 지식을 기반으로 펼쳐지는 소통 활동을 보겠다. 또한 사회 안에서 이루어진 공유지식이 사회 전반의 사상과 사회가치로 어떻게 확산되었는가에 주목할 것이다.

이에 사회문화 변화의 회오리가 몰아칠 때 특정 제도가 사회 전반으로 연결된다고 보는 전체론적 관점에서 보려고 한다. 사회문화 구성 요소들이 서로 어떻게 관련되는가를 보고 사회 전반의 모습이 어떻게 창출되는가를 파악할 것이다.

이때 어떤 환경이나 사회문화적 시스템에서 강력하게 나타나는 중심 사고, 감정, 행위들이 서로 관련되는 지식으로 발현되는 문화적 테마에 주의해야 한다. 사회문화를 이해하는 데 원칙, 규칙, 방침, 사상, 가치관 등은 중요한 잣대이다. 이들이 어떤 모습으로 서로 공유되고 하나의 틀을 갖추고 나아가는지를 살펴보면 관련된 활동들이 암묵적이든, 명시적이든 새로운 사회 변화로 나아가는 '공동 시동'의 원리로 작용하게 된다.

이 책은 핵심 개념을 명확히 적용하거나 엄밀한 방법론을 갖추지는 못한다. 워낙 광범위한 개념들이 오랜 시대적 간극을 뛰어넘은 채 얽혀 있고, 방법론적 엄밀성을 따라가려는 접근이 아니기 때문이다. 개념을 느슨하게 잡고 이를 바탕으로 이야기를 전개하며 해석사회학적인 시간 여행을 하려고 한다.

3. 소통은 문화의 힘

근세조선에 마련된 왕의 소통 메커니즘을 흔히 권력관계의 눈으로 설명하는데, 여기에서는 사회문화적 해석에 힘을 실어보려 한다. 조선시대의 정치관계에 대해서 이를 "문화사로 보는 것이 적절하다(정옥자, 2012)"는 견해에서 용기를 얻었다.

왕은 세상을 올바르게 다스리는 데 힘써야 하며 이러한 도리를 '세도世道'라고 한다. 그러기 위해서는 하늘의 이치를 밝히고 인심을 바르게 해야 한다. 이는 왕의 도리일 뿐만 아니라 공동체 구성원 모두가 지녀야 할 이념 중 하나이다.

공동체의 기본 질서는 각자의 역할이 무엇인지 바르게 인지하고 학습으로 형성하는 데서 출발한다. 그리고 바람직한 방향으로 질서를 유지하기 위해서는 구성원들을 지속적으로 교육시켜야 한다. 근세조선 때 유학은 질서와 도리를 모두에게 교화시켜야 할 원리로 삼았다. 사회 교화라는 것은 우리가 지금 많이 쓰는 '문화文化'라는 말과 그 뿌리가 비슷하다. 문화라는 말은 한자문화권에서는 문물교화文物敎化에서 시작된 것으로 보고 있기 때문이다.

문화라는 말, 옳게 쓰이고 있나

지금 우리가 쓰는 '문화文化'라는 말을 언제부터 사용했는지 궁금하다. 적어도 이 한자어가 『조선왕조실록』에는 전혀 등장하지 않는다. 왕조실록을 검색해 보면 문화文化는 없고 문화文華라는 말이 등장하고 있다.

필자는 문화라는 용어가 일본에서 들어온 것이라 생각하지 않는다. 일본은 18세기까지도 여전히 무인이 다스렸다. 힘으로 백성을 다스리는 사무라이들이 판치는 시대에 선비는 문文, 사무라이는 무武였다. 그러다 막부 말기에 이르러 유학의 영향을 받고 동요가 일었다. 그토록 열망하던 문의 힘이 사회문화에 긍정적 영향을 준 것이다. 그리하여 무의 힘이 아닌 문의 힘으로 바뀐 사회를 맞게 된다.

원래 일본에는 유학적 소양으로 학습된 사대부는 없었다. 더구나 조선, 중국과 같은 문치주의나 유교적 가치는 더더욱 없었다. 늘 동아시아 문명의 주변부에서 맴돌다가 문의 힘으로 신천지를 열게 된 것이다. 그들은 흔히 메이지유신으로 유교화=중국화=근대화를 이루었다고 자랑한다. 엄격히 말하자면 그런 변화를 가져올 수 있는 사회적 에너지, 동력원이 되는 지식 토대를 비로소 갖추게 되었다는 것이다. 그 결과 주체는 사무라이에서 사대부로 바뀌었고 중요정책을 결정, 추진하는 주체도 무사에서 문인으로 변화되었다.

천년이나 늦게 문인화, 문화로 바뀐 것을 자랑하는 말이 '문화文化'였던 것이다. 유럽에서 쓰인 쿨투라(cultura) 개념, 중국에서 쓰는 문물교화와는 다르다고 생각한다. 우리가 써야 하는 문화는 문화文化인가 문화文華인가.

이렇게 학자, 관리들은 세도를 지키는 데 앞장서야 한다고 스스로 역할을
설정했고 왕은 그들에게 의지했다. 예를 들어 효종이 송시열에게 이러한
역할 책임을 부탁하자 송시열은 이를 지키려 앞장선다. 영조, 정조 때는 홍
국영에게 민정을 듣고 민심을 바르게 하는 역할을 부여했다. 현명한 지식
인이 앞장서 언로를 바탕으로 세도를 지키게 하도록 왕이 위임한 '세도지탁
世道之托'인 것이다.

결국 이치를 밝히고 인심을 바르게 하는 활동은 여론을 중시해야 한다는
뜻으로 쓰였고, 하의상달과 간접소통의 방식으로 필요한 기회를 만들어서
사용했다. 이는 정치적 통치 원리를 넘어서 사회적인 교화 원리로 모두가
평안한 세상을 이끌어 가고자 하는 공동 인식이었을 것이다.

이러한 사회적 교화를 함께 공유했기에 사림士林들의 역할이 당시의 사
회에서는 자연스럽고 익숙했다. 공동체 활동의 주체였던 사림의 행동을 권
력을 탐하는 행동이라기보다는 사회문화 활동을 이끌어 간 지식 활동으로
보는 것이 사회문화적 해석에 더 적합하겠다.

실제 재야 사림들은 유교에서 지켜야 할 도덕에 관한 학문인 도학道學을
교화 대상으로 간주해 사회 전반에 확산되도록 힘썼다. 왕은 관리와 사림
사이에서 힘의 균형을 맞춰 주었으며 세도를 밝히기 위해서 언로를 개방하
고 여론정치를 펼쳤다.

이 막강한 활동이 어떻게 왕 한 사람의 역할에 그칠 수 있겠는가. 덕망 있
는 왕, 지혜로운 관리, 지식 충만한 사림들이 함께 교화 임무를 지니고 활동
했기에 세도의 길이 그리 어렵지 않게 열렸을 것이다. 아마 왕의 위탁을 받

은 사람들의 세도 활동은 매우 권위 있게 이루어졌을 것이다.

혁명으로 이룬 조선이지만 그 통치 이념을 현실 정치에 절박하게 설정하지는 않았다. 그렇다고 사회 현실에서 타파해야 할 점을 들어 명분을 만들지도 않았다. 조선시대를 줄곧 이끌어 간 통치 이념은 유학에서 학습하면서 세운 것이다. 이 점은 조선이 지식국가로서 왕부터 스스로 쌓아 온 지식 학습과 관리들이 전문가로 성장하기 위해 파고들었던 인문지식에서 논리를 가져온 것이다.

이처럼 근세조선에서는 스스로 필요한 통치 이념을 혁명권력의 논리보다는 여론 기반의 민본주의로 세웠다. 민본정신의 실현 전략으로 여론을 넓게 받아들이고 정책 결정의 근거로 삼았다.

그러므로 '문화의 힘'이라고 하는 개념을 근세조선 환경에 맞게 특정화해야겠다. 조선 초기를 한국적 근세로 규정하고 따로 구분하는 이유가 있다. 조선시대 역사에서 15세기 초엽까지는 제도의 기초를 정비한 '제도 형성기'였다. 이 시기는 소통 문제를 제도 중심으로 다루는 핵심 기간이었다.

반면에 '임진왜란기'의 조선정신의 변질 과정은 소통뿐만 아니라 조선 역사에서 제도 형성의 가치를 같은 맥락에서 함께 다루기가 어렵다. 나아가 개항 이후에 타율적으로 이루어진 개혁에 의한 '졸속 변화기'도 조선정신과 같은 맥락에서 볼 수는 없다.

혹시 문화의 힘을 '문화력'이라고 쓴다면 조심해야 한다. 문화력이라는 말은 오늘날 문화정책에서 사회 통합과 성장을 위한 동력으로 쓰고 있다. 최근에 들어와서는 문화정책의 사회적인 가치를 중요하게 생각하면서 '문화경쟁력' 개념으로 확대하기도 한다. 그러다 보니 문화산업·예술·관광 분야의 역량을 향상시키는 것으로 보기도 한다. 문화력이란 결국 사회 발전에 기여하며 문화를 활용해 국가 성장에 도움을 주는 정책변수이다.

문화정책에서 문화력은 국민 호감도, 문화 호감도, 문화산업 경쟁력을 나타내는 데 곧잘 쓰인다. 문화력을 경쟁력 개념으로 접근하면 문화정책 쓰임새로는 할 말이 많다. 또 국가와 사회의 역량을 문화력 개념으로 보게 되면 설득력을 챙길 수 있다. 특히 지식국가가 문화력에 기댐으로써 국가 브랜드와 리더십을 갖고 미래에 매력 국가로 올라설 수 있다고 본다.

그러면 이러한 문화력은 진화되는가? 그 좋은 제도들이 아름답게 진화 되지 못한 아쉬움을 바탕으로 여기에서는 공진화共進化(coevolution) 개념을 잣대로 쓸 것이다. 소통 메커니즘이 일찍이 제도로 자리매김했지만 지속발전되지 못했던 점, 좋은 사회문화 유전자로 남았지만 공진화에 이르지 못했다는 점을 함께 살펴볼 것이다.

우선 사회문화력을 키우는 바탕인 사회문화적 진화(sociocultural evolution)를 어떻게 사회가 문화와 더불어 발전하는지 문화발전과 사회발전 을 포괄해서 생각해 보고 싶다. 그리고 기술, 사회 구조, 사회가치가 어떻게 관계를 맺고 시간이 지나면서 변하는가를 볼 것이다.

조선시대 왕이 이루려고 애썼던 소통이 오늘날 어떻게 진화되었는가 하는 점도 궁금하다. 역사의 수레바퀴를 돌리는 사회문화력은 왕이나 제도 기반의 권력 작용만으로는 진화시킬 수가 없다. 왕과 사회문화의 관계를 유학지식의 틀에서부터 생각하려고 한다.

이어지는 내용에서는 소통이 근세조선시대에 두드러진 사회문화 현상이 었는지 살펴볼 것이다. 개인주의에 매몰되어 오늘날에는 실종되다시피 한 공공의식의 표현인 '소통'이 없어지고 있음은 매우 개탄스럽다. 오늘날 쓰고 있는 언론言論이라는 말은 언치논도言治論道에서 내려온 말이다. 주로 바람직한 가르침 즉, 앞에서 말한 치도治道를 둘러싼 논의를 말한다. 언론이 조선시대에서도 공공조직의 중요 역할로 인식되었음을 미루어 알 수 있다. 이런 관점에서 정책 논의, 지역돌봄, 민중 참여까지 꿰어 엮어 소통을 살펴보려고 한다.

1장

지식국가 조선

공론公論이란 천하 국가의 으뜸가는 기운이다. 간쟁은 공론의 뿌리가 되고 아첨은 공론의 독소가 되니 국가를 다스리는 통치자는 항상 그 근저를 배양하고 그 해독을 제거해야만 올바른 의론議論이 날로 앞으로 나오고 감언이설은 귀에 들리지 않는다.

공론은 국가에 하루라도 없어서는 안 될 필수불가결한 것이니 통치자가 간언을 구하고 진실로 믿어주어야 언책자는 백성의 이해를 모두 진술하게 된다. 그 결과 국가의 원기인 공론은 막힘없이 유통될 것이다.

－「태조실록」, 태조 1년 11월 병술조

1. 지식왕들의 탄생

세습으로 자리를 이어받는 왕이 학습에 매진하고 교육을 받으려 애쓴 것은 근세조선의 국가 경영에서 매우 독특한 부분이다. 어린 왕에게 자신의 몸가짐을 어떻게 해야 하는지, 백성을 어떻게 다스리는 것이 올바른지를 알려주고 만민의 어버이로서 갖출 윤리를 교육시킨 것이다.

왕자 시절은 물론이고 왕이 된 후에도 맞춤학습은 계속 진행되었다. 성인 군주는 올바른 가치관, 학문, 덕을 함께 갖춘 군주로서 백성을 귀하게 여기고 위에 군림하지 않아야 하기 때문이다. 교육을 맡은 관리들은 정책을 전문적으로 다루지만 왕을 돕는 신하의 입장이었다. 하지만 배움 앞에서 왕은 선뜻 신하인 관리들을 스승으로 삼고 학습에 매진했다.

유학 이념으로 재탄생한 조선에서 왕은 '만인의 어버이'라는 역할 기대를 온몸으로 지니며 일해야 했다. 늘 많은 양의 업무를 처리했고, 복잡한 업무의 최종 결재자로서 다양한 의견을 수렴하고 논의하는 데 고뇌의 시간을 보냈다. 왕은 부지런해야 했으며 그것이 왕의 귀한 덕목이었다. 따라서 왕이 본업에 충실하지 않거나 인륜에 어긋나는 일을 저지르면 권력에서 밀어내려고 했다.

'왕'이라는 글자는?

왕이라는 글자를 조각조각 나누어 풀면 재미있게 해석할 수 있다. 갑골문자에서 왕王이라는 글자는 윗변을 도끼자루 모양으로, 아랫변은 흙 土±로 만들었다. 이는 권력의 상징인 도끼자루와 부의 상징인 토지를 가지고 누리는 사람을 나타내는 것이다. 즉 왕은 '많은 권력과 높은 지위'를 갖는 존재라고 해석할 수 있다.

그러나 글자의 윗변은 하늘, 아랫변을 사람으로 보고 이 둘을 연결시키는 '중간자적 존재'라는 뜻으로 해석하기도 한다. 결국 왕은 위로는 하늘의 뜻을 헤아리고 아래로는 사람의 뜻을 하늘에 알리는 중간 매개자 역할을 하는 존재라는 의미이다.

최고 권력자의 위상이나 상징, 실질적인 소통 활동은 이처럼 엄중하고도 소중했다. 왕은 최고 권력자이자 소통 역할을 맡은 중간자임을 강조하는 뜻으로 문자화되었다.

유학 이념에 따른 학습

왕은 언제나 올바른 가치관으로 국정을 돌봐야 한다. 생각이나 마음이 올곧지 못하면 국정이 혼란스럽고 정책이 일관성을 갖지 못해 나라의 기틀이 흔들렸다. 조선에서는 왕이 성현으로서 지혜롭게 행동하는 길을 학문에서 찾았다. 그리하여 마음을 바로 지키고 품격 있는 왕이 되도록 신하들이 챙

겨야 했다. 군주에 대한 절대 충성을 귀하게 여기는 주자학에서는 품격 있는 군주가 되게 하는 것까지도 신하들의 역할이라고 말한다.

왕은 욕심을 내면 안 되는 일이 없고 권력의 맛과 유혹을 물리치기도 쉽지 않았다. 그래서 왕은 엄격하게 자율 규제를 해야 했고, 그것을 어릴 적부터 학습하고 실천하려 했다. 뿐만 아니라 왕가에서는 품격 향상에도 주력해야 했다. 임금의 이름에 쓰인 글자는 백성들이 감히 함께 쓸 수 없었기 때문에 세종은 '도禑', 정조는 '산祘'처럼 왕자의 이름을 한 글자로 지었다. 백성들을 배려한 왕가의 품격이었다.

내가 욕심을 내지 아니하니 백성들이 저절로 소박해진다.
-『도덕경』 57장

어른이 된 뒤에도 군주는 국가 경영의 최고 책임자이므로 늘 올곧게 행동해야 했다. 유학 원리에 정통한 지식관리들이나 유학자들은 이러한 도리를 수도 없이 제시했다. 만일 왕이 이를 그르칠 때면 비판을 늦추지 않았고 훗날 조광조, 이이, 정약용 같은 학자들은 좀 더 실질적인 논리로 보완해서 행동 방안을 제시할 정도였다.

이들이 주창한 군주론 가운데서 조광조는 도덕론에 따라 왕도정치를 실현하도록 교육을 강조했고, 심지어는 국왕이 성리학자가 되어야 한다고까지 주장했다. 그의 이런 주장은 매우 급진적인 측면이 있지만, 훗날 이이나 정약용에게도 영향을 미친다.

유학에서는 인간이 갖춰야 할 품성과 태도를 겸손, 경청, 이타성, 강직함, 온화함, 진정성, 공정성 등으로 규정하고 있다. 이러한 인격은 소통으로 형성된다. 제대로 의사소통하기 위해서는 현실 상황을 객관적으로 이해하고 자기중심적 사고에서 벗어나 상대방 입장을 존중해야 한다. 이는 인仁과, 다른 이를 사랑하는 것愛人을 말한 공자의 견해를 따른 것이다.

유학에서는 소통을 어떻게 이해할까? 유학은 소통 자체를 인간의 기본적 자질이며 인성과 심성을 그대로 발현하는 것이라고 본다. 그래서 가장 이상적인 태도로 소통을 중시한다. 또한 자신의 이익보다 타인의 이익을 먼저 생각하고 약자를 배려하고 존중해야 한다고 말한다. 소통을 할 때는 특정 가치에 집착하지 않고 다양한 가치를 내포해야 하며 겸손, 온화하면서도 동시에 강직해야 한다. 유학을 비롯한 지성은 일단 유연해야 하며, 널리 쓰임새가 있어야 한다며 소통을 중시했다(박용익, 2015).

이러한 유학 교리에 따라서 학자들은 왕에게 필요한 덕망, 보편적 도덕성, 감정 억제 등에 관한 이념적인 제약을 추가로 요청할 수 있었다. 이렇게 해서 왕의 존재가치와 백성에게 본보기가 되는 준칙이 만들어졌다. 그런데 안타깝게도 이 논의들은 실질적, 법적인 구속력은 없었다. 왕의 품격을 늘 깨어있게 할 뿐이었다. 후에 이러한 논의들을 제도화하기 위해서 다양한 논쟁을 치열하게 펼치게 된다.

학습하며 소통을 병행

왕은 성인군주의 면모와 위상을 갖추는 덕목학습에만 그치지 않았다. 스스로 학문의 자세를 갖추고 유학을 중시하면서 지식사회 분위기를 이끌어 갔다. 왕은 말과 행동으로 근세조선의 이상적인 사회문화의 모습을 담았으며, 관리집단과 국가정책을 개선하는 논의도 즐겼다.

왕은 학습하면서 소통하고, 소통하면서 학습을 이어 가는 과정을 거쳤다. 이는 왕과 관리들이 함께 '공생할 조건'을 갖추면서 '상호관계'를 만들어 가는 과정이었다. 함께 존재하며 공진화할 수 있는 여건을 만들어 가는 데 무리가 없는 특이한 방식이다. 소통을 진화적 관점에서만 보면 일정 부분 공진화를 이룬 것으로 평가할 수 있다.

세종은 무엇을 공부했나

성군 세종은 학문에 심취한 왕이다. 강독을 할 때 세종은 『대학연의』, 『춘추』, 『자치통감강목』, 『대학』, 『중용』, 『상서』, 『논어』, 『맹자』, 『시경』, 『서경』, 『좌전』, 『주역』, 『이학』, 『사서』를 관심 있게 공부했다. 그 가운데서도 특히 제왕학 교과서인 『대학연의』 세트를 100번 이상 탐독했고, "선악이 명확해 권장할 만하므로 진실로 왕의 귀감이 된다."라며 재강, 삼강을 거듭했다.

세종은 제자백가의 책은 원치 않았고, 『사서오경』과 『자치통감강목』을 돌려가며 반복해서 강독하기를 희망했다. 『맹자』는 1개월 10강으로 편성하고, 『좌전』은 4개월 동안에 마치고, 『대학연의』는 4개월 사이에 재강을 마쳤다. 그 가운데서 『고려사』의 개편, 『성리대전』의 보급 등을 깊이 논의하고 사려 깊게 다루었다. 인문학 외에도 정책 문제점과 개선(예: 과거제)을 토론하며 논의하기를 즐겼다.

문화국가의 탄생

이렇게 학습으로 축적하고 연마하면서 능력과 역량을 갖춘 왕들이 속속 탄생했다. 숙종, 성종, 영조, 정조는 모두 지식 기반의 학자군주이자 걸출한 정치 지도자였다. 이들이 왕이었을 때 조선사회는 최고의 르네상스가 꽃피게 되었다. 어린 시절에 즉위한 성종의 정치적 역량은 경연, 조강, 주강, 석강에 열중하면서 제왕학을 학습한 결과로 볼 수 있다. 율곡은 "세자의 영특함과 슬기로움이 매우 높아 우리나라에 우뚝 솟아오를 만큼 성스럽다."라며 어린 시절부터 성장가능성을 평가할 정도였다.

나라의 최고 책임자인 군주의 가치관과 태도를 학습하는 과정에서 르네상스를 이끌어 갈 기운이 솟구쳤다는 점을 주목해야 한다. 무력으로 다스리며 강권통치로 불안과 공포 속에서 국정을 이끌어 간 지도자와는 거리가 멀었다. 학자적 소양이 뛰어난 왕이 사회문화적으로 이상적인 문화국가를 일으키고 이끌어 갔다.

문화중심적 가치를 존중하는 왕은 당연히 지식인의 사고와 행동을 유지했다. 그러니 왕이 스스로 납득되지 않는 불법적인 행동에 나서지는 않았을 것이다. 또한 변화를 이끌어 내 성과를 거둔 현실 정치가로서의 역할도 컸다.

과연 왕은 무엇을 학습했는가? 어린 시절 또는 군주 역할을 하면서 꾸준히 학습한 것은 기본적으로 유학군주에게 필요한 덕목이었다. 이른바 세도와 천도를 따라야 함을 학습하는 것이다. 권력을 가진 왕이 그 권력으로 인민을 '지배'하는 것이 아니라 하늘의 '순리'를 따라야 한다는 가르침이었다. 하늘의 뜻이라고 하는 것은 오늘날 기준으로 풀어 보면 민중의 뜻을 의미한다.

결국 왕이 전문 유학 엘리트 신하들로부터 듣고 마음속에 새긴 것은 천리를 따르고, 인심을 바르게 길러주는 방법이었다. 왕은 이러한 과정을 거치며 소통의 중요성을 알게 되고 실천하려 노력했다.

여기서 이야기하는 교육과 소통이란 무엇인가? 한마디로 말하면 문물

교화, 즉 '오늘날의 문화'이다. 우리가 쓰는 문화라는 말은 유럽에서 생겨나 남쪽을 거쳐 올라올 때는 쿨투라 개념이었고, 북쪽에서 내려올 때는 문물 교화였다. 두 말의 뿌리는 모두 다 '교화'였다.

왕은 신하들과 함께 그 시대의 사회문화를 부지런히 깨우치고 공식적인 제도와 절차를 만들어 실천했다. 현대사회 기준으로 보더라도 매우 차원 높은 소통이 체계적으로 이루어지고 논의되었던 문화학습 동아리라고 할 수 있다.

2. 지본사회의 경쟁

조선시대는 지식가치를 높게 평가하고 존중하는 '지본사회知本社會'였으며, 왕이 소망하던 가장 이상적 모습은 '지식국가'였다. 조선유학은 이러한 사회를 만들기 위해 학습과 교육을 중시했다. 자율적 존재인 인간을 사회 규범 속에 안착시키려면 이들을 가르치고 깨우치게 해야 한다는 것이다. 문인군자를 우대하고 공공통치 역량을 테스트하는 과거시험에서도 인문학을 중시했다.

지식국가로 나아가는 길에서 왕이 먼저 지식 경쟁을 즐겼다. 스스로 학습을 요청하고 열심히 갈고 닦았다. 양반들은 지식을 확산시키고 지식사회로 이끌어 가는 역할을 했다. 그 결과 인문학 기반의 사회문화가 발전했다. 사회 리더들은 지식생산자 역할을 맡아 다양한 저술 활동, 서당이나 향약 같은 사회 교육으로 사회문화를 이끌었다. 왕과 상위통치자들이 유학지식 소통을 즐기면서 고려시대의 무인사회 분위기는 문인 우대의 지본사회로 급격하게 전환되었다.

그 진행 과정에서 사회 질서가 틀을 갖추었다. 유학 기반의 사회 구조를 재구성하는 데 소통이 활기를 띠게 된 것이다. 지식을 권위로 인정하는 사회 공동의 인식을 바탕으로 유학적 논쟁이나 철학 기반의 소통 논리를 만들어 함께 공유하는 것이 중요해졌다.

유학은 사회지도층이 각자 '제 역할을 다하는 인간'이 되는 교육을 강조했다. 이것은 사회구성원의 관계 형성에도 영향을 미쳤다. 양반과 사림들은 차원 높은 지식철학으로 소통하면서 상호 관계를 맺고 변화했으며, 뜻이 같은 그룹끼리 학파를 형성했다. 집단끼리 논리적 토론을 하면서 집단 지식 영향력을 넓혔다. 이렇게 조선유학은 개인 또는 집단끼리의 상호관계를 넘어 사회적 관계를 형성하고 사회 공공의 윤리를 더욱 굳히는 결과로 이어졌다.

유학은 인간의 내면과 심성을 나타내는 소통을 중시한다. 인간의 내재적 가치와 자질을 나타내는 인품이나 심성이 소통을 통해서 표출되고 평가받는다고 보는 것이다. 적극적으로 표현하고 소통할 것을 권장하지만, 소통이 인간관계나 사회로부터 부정적인 결과를 가져오지 않도록 신중하게 언어를 선택하기를 권장한다(박용익, 2015).

지식기반사회에서 자신의 의견을 명확하게 표현하는 소통 기술이야말로 창조적 인간으로 발전하는 중요한 자질이다. 세종은 백성들이 쉽게 소통할 글자가 필요하다는 생각을 실천에 옮겨 창조적인 한글을 만들었고, 소통의 도구로 쓰도록 제시했다. 훈민정음의 창제는 백성들의 소통 문제를 의식하고 이를 적극 해소하려는 창조 활동의 극치이자 민본주의 실천 행동이다. 훈민정음은 민족 정체성을 확고하게 세우고 사회문화를 발전시키는 디딤돌이 되었다.

또한 소통은 리더의 능력을 평가하는 적극적인 평가 기준이 되어 과거시험에도 중요하게 등장한다. 과거시험 과목은 오늘날의 정치학이나 정책학으로, 그것은 소통이론과 다름없다.

이런 왕의 의지가 사회적으로 확산되는 것은 당연하다. 당시의 사립학교인 서당에서 이러한 지식 욕구를 충족시키는 교육을 시행했다. 중앙, 지방 가릴 것 없이 전국에서 지식을 갖춘 사림이나 양반이 후세들 교육에 나섰다. 학습 도구나 교육 방식이 발달하지 않았기 때문에 뼈에 박히도록 암기해서 내면화, 체질화시키는 방식으로 깨우쳤다.

공교육정책으로 지식국가 일궈 내

이러한 활동은 사회문화가 되어 지식사회를 소망하는 권력층이나 권력 지향적인 사람들에게 당연한 것으로 인식되었다. 공공교육을 지방까지 확대하도록 공공규정으로 명문화시키고, 『경국대전』에 싣도록 한 것은 뛰어난 교육정책이자 훌륭한 혁신의 확산 전략이었다. 국가정책으로 이를 뒷받침하고 민간에서도 서당을 교육 시설로 활용하도록 국가의 역할을 설정한 것이다.

공공교육과 민간교육 모두 붙붙어

근세조선 때는 오늘날의 기초지방자치단체장인 지방 수령이 책임지고 맡아야 하는 일곱 가지 역할 책임을 '수령칠사守令七事'라고 규정했다. 핵심 내용은 농업 진흥農桑盛, 인구 증가戶口增, 학교 교육學校興, 군사 관리軍政修, 부역

균등賦役均, 간소한 소송詞訟簡, 간교한 집단을 억제하는 간활식奸猾息 등을 포함한다.

그 가운데 하나가 교육에 힘써야 한다는 것이다. 여기에 지방 공교육을 진흥시키려는 국정 의지가 담겨 있다. 학교 교육 규정은 『경국대전』의 고과조와 태종 6년에 마련한 칠사에서도 수명학교修命學校로 등장한다.

조선시대에 지방관의 중요 역할로 등장한 학교 교육, 수명학교는 어떤 의미가 있을까? 고려시대에는 없었지만 조선에 들어와 추가된 이 역할은 지식국가로 발돋움 하려던 조선의 국가 경영 철학을 보여 준다. 공공교육과 사회관계 기본 학습을 중시해 규정한 것이다.

같은 맥락으로 향약鄕約을 마련해 사회관계 형성 원리로 확산시키도 했다. 향약은 지방 자치적인 교화기구로, 조선시대에 들어와서야 비로소 보편화되었다. 이 역시 공동체 사회 교육을 바탕으로 사회 질서를 유지하도록 서로 약속하고 가르치는 사회관계 학습이다.

청소년 교육은 특히 인간 됨됨이에 중점을 두고 자기 역할을 강조했다. 일찍부터 시작해 『소학』을 모든 학교의 소년용 기본 교과서로 널리 활용했다. 『소학』에서는 인간은 오륜질서 속에서 활동해야 하며 사민士農工商은 각자 맡은 역할과 책임을 다해야 한다고 말한다. 이 교육은 인간으로서의 본분을 다하기 위해 역할을 인지시키는 교육이었지만, 계층 간 교류와 소통에 지장을 주기도 했다.

특이한 것은 표현 능력을 키우도록 교육했다는 점이다. 아울러 교육 효과를 높이기 위해 『용비어천가』를 지어서 예술로 자연스럽게 표현하고 익히도록 했다. 예술과 결합한 교육이나, 교육을 예술로 표현하는 방법은 매우 앞선 교육공학으로 눈여겨보아야 한다. 또한 예술 자원을 이용해 양반사회의 도덕적 규범을 교육, 확산시키기도 했다.『삼강행실도』나 그 밖의 학습 교재들도 이러한 맥락에서 그림으로 표현되어 널리 활용되었다.

이런 몇 가지를 바탕으로 조선시대의 국가정체성이 지식기반사회로 완성되었다고 단정할 수 있을까? 유학에 치중된 지식이었고, 일부 계층에서만 지적인 유희를 누렸기 때문에 근거가 충분하지는 않다. 그럴지라도 국가정체성을 형성하고 근대적인 지식사회로 건너가는 데 중요한 역할을 한 것은 명확한 사실이다. 이 논리는 고려 무인시대의 폐해를 의식한 '과거에 대한 반동'으로 볼 수 있다. 공공에서 백성들의 사회관계 적응학습을 위해서 무력이 아닌 교육 중심의 전략을 개발한 것이다.

조선유학의 정립

오랫동안 무인정권으로 이어졌던 고려시대에 대한 반동으로 조선 개국 이후 문인 중심의 지식사회가 시작되었다. 그 결과 문민가치 또는 사회문화 가치를 높게 평가하고 실천하게 되었다.

두드러진 개념어 몇 가지만 가지고 이렇게 말할 수는 없지만, 당시 국제관계를 바탕으로 볼 때도 국가정체성을 다잡기 위해서는 변화가 필요했다. 근세조선은 험난한 아시아 국제 질서 속에서 민족주의와 역사적 자주성을 내세워 국가정체성을 갖췄다.

그것은 원나라에 얽혀 상실되었던 자주성을 민족국가적 역사성으로 극복하려는 혁명 주체의 행동이었다. 당시 원명元明교체기의 험악한 국제관계 속에서도 혁신정치 주체들은 지식 기반의 근대체계를 추구했고, 인문학을 기반으로 지식국가를 지향했다는 점에 집중해야 한다.

이 과정에서 중국과 중국유학에서 벗어나고 조선유학의 가르침을 새로 정립했다. 조선유학이 국가정체성을 갖추는 과정에서 지식국가로 탈바꿈하는 전초병 역할을 한 셈이다. 이로 인해 우리 민족의 근세적인 사회관계 질서의 주체적인 출발점이 명확하게 갖춰졌다.

근세조선에서 유학은 이렇게 국정교학國定敎學으로 대접받으며 왕부터 백성에 이르기까지, 또한 정책을 개발할 때 가장 먼저 고려해야 할 지침이 되었다. 심지어『지리지』편찬, 천문역산학 정비, 아악의 정비, 도량형의 통일까지도 모두 다 유학사상의 구체적인 실천 논리로 추진된 것이었다(구만옥, 2018).

유학은 도대체 조선의 사회문화 생태계와 어떻게 연관되는가? 조선유학은 중국 성리학을 도입해 단순히 적용한 것이 아니다. 사유, 공공성, 전통문화 수용의 독특한 측면 등에서 중국유학과 다른 지적인 성향을 갖는다. 물론 권력에 대한 비판과 더불어 지적 자부심을 가지고 개인 수신과 사회 변화에 관심을 가지는 것은 비슷하다. 하지만 조선유학은 인간의 존엄성을 제고하고 인간 존재에 대한 긍정과 인간을 위한 의식을 명확히 한다. 그리하여 인격적 내면, 인간 중심의 법 절차 등이 근세조선에서부터 뿌리를 가지고 오늘에까지 이르고 있다.

근세조선의 사회문화 생태계는 조선유학을 주제로 논쟁을 펼친 권력층이 주도해 형성한 것이다. 따라서 사회문화적인 이슈가 등장할 때마다 유학의 가르침을 소환하고, 권력 관련 문제에서도 지도자의 소통 부재가 민감하게 거론된다.

이렇듯 지식국가 조선은 지식사회로 발전해야 하는 국내외적 명분과 논리를 정립하는 데 유학을 접목시켰다. 왕 스스로 '학습하는 성인군주' 의지를 표명하고 노력했다. 지식에 대한 수요는 비록 그것이 과거科擧를 통한 출세의 수단으로 쓰였을지라도 확산되었고, 그 시작은 지식의 내면화에 있었다. 유학이 형식 논리일 뿐이고 당쟁의 원인으로 작용했다는 지적은 지식국가 대열에 끼지 못했던 일본의 열등감이 한국 역사를 왜곡하려는 데서 비롯된 것이다. 이념적 대결과 이념 논쟁에 치우쳐 실학을 소홀히 했다는 것은 오해이며, 당시의 창의적인 생각이 이끌어 낸 교육 내용, 교육 주체, 교육 방법 등을 눈여겨보아야 한다.

소통은 지식 확산 방식, 무력혁명 방식, 실용적 이익 창출 등에 다양하게 활용된다. 그 무엇이 되었더라도 소통은 비판적 자기 출발에서 시작되며 상대방과의 경쟁을 가져온다. 다양한 소통 도구가 생겨나기 전 교통이 원활하지 못했던 시절의 소통을 지나치게 좁게 해석하지 않아야 한다. 당시 사회환경에서 사회문화관계를 설정하고 그 관계 속에서 충실하게 역할을 하는 소통 방식을 높게 봐야 한다.

3. 지식으로 소통

왕이 주도하는 경연

왕은 사회의 정점에서 국정을 운영하는 최고 책임자이므로 필요한 자질을 모두 다 갖춰야 했으며, 이를 체계적이고 권위 있는 학습으로 쌓았다. 왕은 세자 때부터 '서연書筵'으로 정책학습의 기회를 가졌다. 왕이 된 후에는 '경연經筵'에 참여해 이상적인 통치자의 모든 것을 학습했다.

왕의 학습은 단순히 배워서 습득하는 것이 아니라, 정책 소통을 실습하는 과정이었다. 경연은 원래 '경학을 공부하는 자리'라는 뜻이며『사서오경』을 중심으로 사회 안정과 사상을 논의하는 학습이다. 그 과정에서 왕과 스승 사이에 서서히 소통이 펼쳐지는 것으로 이해하면 된다.

이러한 학습 진행 과정에서 '공동 시동共同始動'이 생겨났으며, 모두가 같은 지향점을 향해 가는 행동이라는 점에서 왕의 학습은 정책 소통으로 옮겨 가는 중요한 출발점이었다. 왕은 실제로 정책 결정 과정에서도 전문성을 갖춘 관리들과 치열하게 논쟁하면서 최적의 정책안을 찾기 위한 소통을 했다.

경연은 일차적으로는 덕이 넘치는 군주로 만들기 위한 제왕학 맞춤학습이다. 왕권 교육을 강조하면서 왕의 행동 기준을 설정해 주는 교육인 셈이다. 왕이 행동 준칙을 몸에 익히기 위해 도학에 열중해 사리를 밝히고, 현인들을 겸손하게 대하며 일상생활에서 솔선수범해야 함을 가르쳤다.

경연의 주체는 신하가 아니고 어디까지나 왕이었으며, 왕은 관심을 가지고 경연을 주도했다. 왕이 스스로 학습을 자처해서 이루어지는 기회였기에 왕의 의지가 제대로 반영된 학습 과정으로 볼 수 있다. 관심이나 지적 욕망이 많은 왕은 하루 종일 경연을 즐기며 매우 적극적으로 밤늦게까지 경연을 진행했다.

시사, 경연에는 누가 참석하는가

왕과 신하가 국사를 돌보는 시사視事와 경연의 형식만으로 언로가 좁다고 판단되면 왕은 그 참석 범위를 넓혀 내실 있게 운용했다. 원래 경연에 참석하여 왕을 학습시키는 관원은 의정부의 3정승, 6조의 장관, 승정원 승지 등이었다. 경연에서 강론을 담당하는 강관은 왕에 따라서 그때마다 조금씩 다르게 편성되었는데, 수준을 높이기 위해서 별도로 전문 엘리트 강사를 부르기도 했다. 예를 들어 성종 때는 특진관特進官, 경연관經筵官, 삼진관(아침, 낮, 저녁)이 각기 다른 내용과 방식으로 강의를 펼쳤다. 특진관은 2품 이상의 고위직을 지낸 자로 홍문관의 장이 선임했으며 필요하면 무관도 참여시켰다.

그 밖에도 폭넓은 정책 기능을 수행하기 위해 종6품 이상 문무관이 매일 참여하는 아침 조회인 상참常參을 열어 소통했다. 문종은 상참이나 경연에 참여

왕의 소통

하지 못하는 관료들이 있다면, 순번대로 들어와서 직접 왕의 의견을 듣도록 했다. 이를 특별히 윤대輪對라고 불렀다. 그리고 조회를 하지 않는 날에는 당일 윤대 참가에 해당되는 관원이 문서로 왕에게 아뢰도록 하는 계문啓聞 등을 사용하며 다양한 방식으로 소통을 이어 갔다.

경연 때 다루는 내용은 유학 경전에 나오는 통치이론과 일반 정무가 대부분이었지만, 재야에 떠도는 말까지도 포함해 폭넓은 '대화정치의 장'을 열었다. 경연은 그때그때 조금씩 달리 운영했다. 예를 들어 조강 때는 정책 결정 논의 과정을 포함해 상참과 병행하기도 했다.

정책 토론을 담당하는 시사에는 상참 외에도 차대次對가 있었다. 차대는 매달 여섯 차례씩 의정, 대간, 옥당들이 왕에게 정무를 보고하는 형식으로 운영되었다. 이는 현대적 관점으로 이론과 실제를 병행해서 학습할 수 있는 정책 시뮬레이션 또는 정책 개발의 기회라고 할 수 있다.

왕과 함께하는 경연은 매우 어려운 자리였다. 반드시 전문성과 인품이 뛰어난 관리가 참여해야 했다. 학식과 덕망을 갖춘 해당 분야의 최고 전문가들과 왕이 이론적으로 학문을 논의하고 실질적으로 정책 사례를 토론하는 자리에 어울리게 품격을 갖춘 것이다. 경연관은 기색이 온화하고 말이 간단하면서도 조리가 분명하고 왕에 대한 충성과 사랑이 넘치는 관리로 구성했다(김태완, 2011). 선조 때 이러한 자질을 갖춘 경연관으로 김우옹, 유희춘, 기대승, 이이 등이 있었다.

경연은 근세조선에 들어와서 창의적으로 발달했다. 소통을 하면서 왕의 가치 철학을 세련되게 가꾸는 방법으로 교육적 토론과 실제적 정책 결정을 병행했다. 경연은 실제로 왕의 가치관을 잘 반영해 시스템화한 제도라고 평가할 수 있다.

신하를 스승으로 삼으니

왕의 교육학습을 지도한 스승은 전문지식이 뛰어난 학자들이었다. 그들은 직책상으로는 신하였지만 교육자로서 제왕학, 성학聖學을 먼저 스스로 학습해 왕의 자질 향상을 책임졌다. 왕과 관리들이 앞장서 그런 사회 생태계를 만들어 가니 문치주의에 바탕을 둔 조선사회가 학습사회로 발전할 수 있었다.

선비들도 농업이나 상업 활동에 종사하는 대신 학문에 정진했다. 시대정신에 맞게 열린 마음으로 학문 연마와 인격 수양의 소통 방식을 즐겼다. 선비, 관리들도 유학의 정신을 통해서 내면의 덕을 축적하고 백성들을 위해 사회적 실천을 펼쳤다.

왕은 학습 과정에서 신하와 중요한 사안에 대해 서로 소통하고 학습하면서 주요 이념에 대해 공동 인식을 한다. 더불어 왕은 관리들에게 재교육학습까지 시켰다. 예를 들면 '초계문신제抄啟文臣制'를 두어 37세 이하의 젊고 재능 있는 문신들을 뽑아 규장각에 위탁해 40세까지 통치 이념의 공유를 위해서 교육학습하게 했다. 이때 정조는 직접 특강을 하고 시험 문제를 출제하는 등 학문 독려와 인간적 소통 접촉을 하기도 했다.

학습 내용은 『사서삼경』을 중심으로 하되 경전의 참뜻에 바탕을 둔 위민정신과 공공가치에 대한 숭고한 인식에 중점을 두었다. 왕과 관리들의 학습은 공동 시동을 거치면서 창의적 소통을 이루어 갈 기본 구조를 갖추게 되었다. 왕과 관리들 사이 소통 구조는 민본중시 권력 구조, 언론 활동 조직화, 전문성을 존중하는 분권화 등으로 이루어졌다.

학습 과정에서 정책 관련 유학 논리를 왕과 토의하는 데 비중을 두었다. 왕에게 교육학습을 하는 것은 국가 경영 철학을 스스로 모색하도록 하는 훈련이자 정책 기조를 바로 잡아가는 경향이 강했다. 그렇지만 토론과 교육을 명확하게 구별하기 어려울 때도 많았다. 고관이나 문신들의 의견에 대해 왕이 공감하는 경우에는 국정을 다루는 회의처럼 운영되기도 했다. 그러다 보니 전문적인 의견을 제시해서 왕이 받아들이지 않으면 경연관들이 이의를 제기하는 경우까지 생겼다. 이 때문에 경연에서 좋은 의견을 내도 토의만 할 뿐 채택이 되지 않거나 지엽적인 것만 받아들여진다고 비난을 받기도 했다.

시사는 '지배자의 권력 선용'과 '피지배자의 윤리적 선'을 보장하는 데 매우 중요한 기회로 활용되었다. 지배자의 현명함과 더불어 피지배자의 윤리적 기준을 설정하고 유지하려는 의미가 컸다.

우리는 왕이라는 최고 절대권력이 유학적 교의에 따르고 일정한 행동 제약을 받는다는 점에 주목해야 한다. 관리들은 왕이 소홀함이 없도록 견제하고 조절하는 역할까지 맡게 되었다. 이런 반복적인 과정을 통해 왕권은 자연스럽게 소통과 자율 통제가 가능해졌다.

논의를 정리하자면 왕이 평생을 지식 경쟁 속에서 지내는 동안 조기 교육과 경연은 사회 전반에 걸쳐 지식을 소통하고 사회문화의 기풍을 새롭게 만들어 가는 지침이 되었다. 또한 사회의 흐름이나 지방의 공교육과 사교육을 중요하게 다루는 데에도 크게 기여했다. 이러한 사회문화적 기풍이 뒷받침되었기 때문에 지방관리들도 학교 교육과 지역사회 교육을 중요한 업적으로 여기게 되었다.

지식사회에서 혜택받은 계층인 양반은 과거시험을 거쳐 공인의 신분으로 공공업무를 할 수 있었다. 그들은 이미 사림들이 지역에 거주하면서 펼치던 교양 교육을 수료한 인재들이었다. 왕이 학습에 모범을 보였고 양반들이 현장에서 뒷받침해 주니 관리나 백성들도 왕처럼 학습에 열중하는 분위기가 만들어졌다는 점을 주목해야 한다. 훗날 다양한 사회학습이 존재하고 자녀 교육에 열을 올리는 사회는 이렇게 만들어진 것이 아닐까.

4. 유학의 통치 이념

고려시대 사회문화에 폭넓게 영향을 미쳤던 불교는 말기에 이르러 정치 개입, 사원전 확대, 승려 특권층화 같은 문제로 지탄받게 되었다. 미래를 새롭게 열 목적으로 건국한 조선은 이러한 사회문제를 모순이라고 정의 내리고 깨트리며 유학을 지배 이데올로기로 삼았다(최창규, 1977). 비록 중국에서 싹텄지만 조선에 들어와서는 역사적 모순을 극복하는 자강적인 지침이 된 셈이다. 유학은 과거 불교에 대한 반동이자 미래 지식사회에 대한 낙관적 접근으로서 역사 전환의 독특한 분절 매개로 사용되었다.

중국에서 시작한 성리학은 조선에 들어와 변신했다. 고려를 무너트리는 이념 정립에 나선 정도전이 내세웠던 철학으로서 성리학은 그 자체로 혁명 이데올로기였다. 더구나 스스로 혁명가가 된 성리학자들은 부패한 고려 불교를 배척하고 유학정치 질서의 대표적 지표인 '민본주의民本主義'를 발전시켰다. 성리학은 이렇게 근세조선의 사회문화 기초를 차곡차곡 쌓았고,

16세기까지 수용과 재창조를 거듭하며 발전했다. 적어도 근세에는 성리학에서 보여 준 인간론을 바탕으로 민본주의 관점이 대접을 받으며 사회 질서에 적응했다(한형조, 2008).

그 결과 조선의 엘리트 학자들은 유학의 가르침을 정치개혁운동으로 확산시키려고 애쓰고 실천했다. 국가 세제의 근간이 된 토지소유시스템도 이러한 배경에서 개혁되었다. 조선유학은 정치 혁명과 사회 윤리의 명분을 축적하면서 사회문화의 토양을 다듬었다.

조선유학은 관리 중심의 강력한 집권체제를 형성하는 데도 한몫했으며, 전통적 정치의식 구조를 형성하는 근간을 제공했다(김용욱, 1973; 최창규, 1973). 또한 하늘의 뜻에 따라 부패한 정치를 체계적으로 개편하고 새롭게 추진하는 것이 중요하다고 보는 이른바 '역성혁명론'의 뒷받침이 되었다.

이처럼 권력 기반의 정치나 문화 기반의 사회 활동에서 조선유학은 소통의 축으로 작용했다. 무엇을 소통해야 한다고 생각했을까? 조선시대 유학의 가르침이 사회 전반의 바탕 원리로 작용했다면, 이를 준수하는 과정인 '활동과 노력', '생활공동체' 등이 소통 내용이었다. 즉 건국 이념, 사회 질서의 기준이 조선유학을 따라 소통하면서 사회문화로 자리 잡게 된 것이다.

유학과 유교

유학과 유교가 많은 차이가 없다고 생각하지만, 종교와 비슷한 유교와 학습에 중심을 두는 유학을 가급적 구분하는 것이 좋다. 유학은 '정학正學' 혹은 '도학道學'이라고도 불렸으며, 생활 속에서 실천하며 이루어 가는 학습의 과정으로 축적된다. 유학은 주로 학문으로서의 체계화, 논증 구성, 집대성에 중점을 두고 있다.

이에 비해 유교는 생활 원리, 이데올로기, 지배 이념, 생활 작동 원리, 내면화 원리를 설정해 둔다. 그렇기 때문에 이데올로기적 지배력을 갖는 것으로 유교를 내세운다. 가뜩이나 20세기 이후에는 '교'라는 말이 종파나 종교를 뜻하는 의미로 쓰이면서 유교가 일종의 종교집단 교리로 개념화되는 용례도 있어 사용하는 데 조심스럽다.

유교를 종교적 의미로 해석하는 경향은 일본에서 비롯된 것이다. 천황제 국가에서 신도 이데올로기를 구성하는 데 유교를 동원했기 때문에 종교성을 강하게 갖게 되었다. 특히 선조를 숭배하는 종교로 자리매김하면서 신도 정신에 유교를 치환하고 있다. 유학이 아시아 생활문화 전통으로 내려오면서 '유사종교', '반종교' 정도로 작동되는 것은 아닌가 생각될 정도이다. 그러다 보니 유학이 동아시아 국가 개개인의 행동 규범, 가치의식으로 승화되어 결국은 이념성이 강한 유교로 불리게 되었다(君塚, 1999).

최근 우리나라 시대극 드라마가 아시아 국가들에게 문화적 공감대를 불러일으키는 것은 유학적 사고와 행동을 다시금 일깨워 주기 때문이다. 가치가 희석된 중국, 주로 지식의 대상으로 연구나 하는 일본과 달리 우리나라에서는 생활 질서윤리로 아직껏 역할을 해내고 있는 점을 눈여겨봐야 한다(王敏, 2012).

사상적으로만 접근하면 유학이나 유교는 공자, 맹자의 정신을 이어받아 세계관, 사회관, 인간관, 자연관으로 자리 잡은 철학쯤으로 이해하는 것이 자연스럽다. 다만 일본이나 아시아의 유교 관점이나 전통사회의 소통 단절을 가져온 유교와 달리 조선시대의 특유한 '조선유학'은 소통을 중시했다는 점을 주목해야 한다.

지식공동체 간 소통 매개

유학이 조선에 들어와 조선유학으로 변용된 것은 일종의 '문화접변(accul-turation)'으로 매우 자연스러운 현상이다. 그러나 조선의 역사적, 사회적 환경에서 싹터 조선의 건국과 연관되고 조선사회의 특징과 접목되어 자리 잡은 것에 의미가 있다. 구체적으로는 유학이 중시하는 이상적인 의사소통에 대한 인식이 지식계층인 왕과 고위관리층의 중심사상으로 퍼지게 된 점이 특이하다. 지식 경쟁에 뛰어든 사림 양반들도 점차 유학의 가르침을 학습하고 실천하면서 지식공동체를 활성화시켰다. 조선유학이 점점 사회문화로 자리 잡게 되었다.

유학에 바탕을 둔 사회 소통 방식은 사회문화의 근간, 새로운 질서를 형성하는 기본 논리, 정당성 논리로 활용되었다. 지식계층 안에서 나름의 소통 방식이 개발, 활용된 것이다. 왕이나 고위 국가지도자들은 정치권력 형성이나 권력의 선용을 위해서 활발하게 소통하는 제도와 운영 관행을 만들었다. 왕은 왕좌에 앉기 전부터 권력을 선용하는 것을 자신의 역할로 인식했고, 왕이 된 뒤에도 관리들과 계속 공유했다. 사림들은 전문적인 논리로 첨예하게 소통했으며 이성적 판단과 지적인 소통을 즐기는 여론리더들의 위상에 맞게 활동했다.

왕은 고관들끼리 대립이 생기는 경우 자신이 책임지고 해결하려고 하지 않는다. 예를 들어 경연장에서 동인과 서인의 대립이 심하게 전개되다가 결국 율곡을 비난하며 갈등이 커진 적이 있다. 이때 선조는 "나는 어느 편만 옳다 하지 않고 중립을 지켜 왔다. 서로 기탄없이 논의해 결론을 내라."라며 중립 입장에서 더 활발하게 논의하도록 지시했다.

사회계층에서 지도자급 역할을 맡은 양반들은 유학의 가르침에 따라서 향학 같은 공동체의 행동 준칙을 다양한 분야마다 만들어 자율적으로 규제했다. 특히 사회 활동의 기반이 될 과거시험을 준비하는 교육을 중시하는 양반사회에서는 이런 점들을 근간으로 공공행동의 기준, 사회적 자본을 충실하게 유지했다. 이것들은 시간이 흐르고 공유 공간이 넓어지면서 사회 규범으로 자리 잡게 되었다.

소통의 장애 요인?

간혹 조선이 유학 때문에 상하수직의 폭넓은 소통이 이루어지지 않았다고 말하는 이가 있다. 과연 조선유학이 사회관계의 원활한 소통을 가로막았을까? 조선사회에서 유학이 미친 부정적인 결과를 이야기하면서 중국을 모방하는 모화慕華사상, 당쟁, 가족주의의 폐해, 계급주의, 문약文弱, 산업 능력 저하, 복고주의를 말한다(현상윤, 1972). 이 모든 것을 유학의 탓으로 보는 것이 과연 타당한가.

유학에서 중시하는 계층 질서, 상하소통의 제도화 등은 조선 초기 관리들에게 도덕적 행동 기준이었다. 충성과 청렴을 교리로 삼아 자율적으로 규제한 덕분에 사회 질서를 확립하고 청렴한 관리들을 배출했다(김병일, 1976). 또한 충성, 효도가 중요한 인륜이자 덕목으로 사회 밑바닥에서 오랫동안 흘러와 전통 농경사회의 질서를 유지해 온 것도 유학에서 비롯되었다.

권위를 존중하는 습관이 자연스럽게 만들어져 군신, 부자, 사제, 노소, 남녀 간의 서열을 중요시 여기는 전통문화가 형성되었고 이는 농경정착사회의 경영 규칙으로 자리 잡게 되었다. 이로 인해 자기주장보다도 소속집단의 이익을 우선시하는 집단주의적 소통 방식에 익숙해진 측면도 있다. 물론 사회가치가 다원화된 뒤에 문제는 그 자체로 다시 살펴보아야 한다.

유학이 모화사상을 가져왔다는 지적은 편협한 생각이다. 사회문화적인 측면에서 나타나는 유학의 맹목적 추종이라기보다 외교상의 정책적 생존 전략일 뿐이었다. 사회적 폐해로 지적되는 당쟁이 유학 때문이었다는 논의도 유학 자체와는 무관하다는 견해도 있다(이상은, 1966).

유학에서 중시한 가족주의는 가족 내지 씨족끼리 혈연으로 결합하는 데 크게 기여했다. 다만 그것이 지나쳐 강한 혈연 우선, 권위주의, 서열의식, 할거주의, 부정, 의리, 권한의 집중화, 공직 사유화 등 사회관계자본이 그릇되게 발달되었다고 볼 수도 있다(김해동, 1978). 이는 오늘날 사회문화적 특징으로 이야기되고 있지만, 근세조선에서는 긍정적인 영향을 미쳤다.

요약하자면 국가 형성에서부터 사회 질서 정비에 이르기까지 조선유학은 사회문화로서 단단하게 자리를 잡았다. 사회리더인 양반계층이 유학지식을 경쟁적으로 즐기고 숭상하면서 유학은 자연스럽게 지식사회로의 발전을 돕는 견인차 역할을 했다. 지식층은 유학의 가르침을 적용해 공동체 생활에서 다양한 저술 활동을 했으며 교육, 향약을 제정해 바람직한 관계 형성과 소통의 사회문화를 이끌었다.

왕은 유학지식을 스스로 내재화하고 이를 바탕으로 소통하는 지식 경쟁을 치열하게 전개했다. 유학적 사회 인식을 통치의 중요한 근간으로 삼았으며, 소통을 위한 역할과 제도 운영에도 충실했다. 이런 점에서 볼 때 유학의 가르침이 왕과 사회의 관계를 경직화시켜 소통을 가로막았다는 생각은 잘못된 해석이다. 오히려 사회문화에 영향을 미쳐 장기간 지식문인사회로의 정치력을 발휘하며 소통을 이룰 수 있는 계기가 되었다.

2장

권력 남용의
방지

공론은 국가의 혈맥이며 만세의 대방大防이다. 대간臺諫은 공론이 나오는 곳이다.
그러므로 인주人主는 대간을 존중해 조정을 높임으로써 국맥國脈을 굳건히 하는
것이다.

-「중종실록」, 중종 3년 2월 을유조

국가의 혈맥이자 만세의 대방인 공론은 여러 신하들의 수의收議를 통해 형성된다.

-「중종실록」 중종 3년 4월 을미조

1. 역할 책임

의정부와 육조는 전하의 팔다리와 같고, 언관은 귀나 눈과 같은 것이며, 공의公議는 나라의 원기元氣와 같은 것입니다. 어찌 팔다리를 버려두고 눈귀를 막으며 원기를 끊어버리고서 원수元首가 홀로 편할 리가 있겠습니까?

-부제학 안침 상소문, 성종 23년

이 상소문에는 '언관'이란 어떤 존재이며 어떠한 역할을 하는지 잘 표현되어 있다. 안침은 언관을 귀하게 대해야 나라가 제대로 서고 임금이 편하게 된다고 호소한다. 왕의 역할을 제대로 하고 공론을 중요하게 여기라고 당당하게 간언한다.

근세조선 시절 왕권보다 신권이 강했다고 하더라도 절대군주에게 서슴없이 이런 언행을 할 수 있도록 발언 분위기가 '보장'된 점을 주목해야 한다. 신하의 입장에서 신분이 충분히 보장되어야만 이렇게 말하고도 무사하지 않겠는가.

당시 사회 활동을 하는 주체들은 자신의 역할 책임을 어떻게 받아들였을까? 왕은 성인聖人과 같이 행동하고 관리는 전문가 역할을 책임 있게 해야 한다는 인식이 깔려 있었다. 위 상소문을 올린 안침이나 이를 본 성종도 이미 수양과 학문적 성찰을 거친 수기치인修己治人의 품격을 갖춘 이들이었다. 왕과 관리는 각자의 역할과 책임을 존중해야 했으며, 이러한 관계를 형성하는 제도적 장치들도 당연히 만들어져 있었다.

왕이나 관리가 아닌 사회공동체 구성원들도 스스로의 역할과 역할에 맞는 활동을 중요하게 여겼을까? 지식국가 조선에서 서당이나 향교의 학습 내용은 '자신을 닦아 우리를 빛내는' 데 두고 어릴 때부터 학습하고 실천하며 모든 행동에 적용하도록 교육했다. 전통적인 오륜질서 속에서 인간의 본질적 모습, 사회문화에 타당한 활동, 각자의 존재 역할을 확실하게 하는 '관계 형성'은 근세 농경사회에서 사회관계 윤리의 기본이었다. 그리고 교육학습을 거치면서 이를 '공동 인식'하게 되었다. 이는 공직 책임자뿐만 아니라 일반 성인에게까지, 중앙뿐만 아니라 지방에까지 필수적으로 교육하는 내용이었다.

이런 점에서 사회구성원으로서 왕의 역할이나 역할 관계 형성은 일차적으로는 개인 윤리적 기준으로 제시되었고, 이차적으로는 국정 책임자이자 성인군주로서 이에 순응해야 했다. 왕의 역할과 '역할 기대 부응'에 대해서 조선시대 성리학의 학습 교재였던 『근사록』에서는 다음과 같이 말하고 있다.

왕의 소통

만물과 모든 일은 각기 올바른 위치가 있다. 올바른 위치를 얻으면 편안하고 올바른 위치를 잃으면 어긋나게 된다. 성인이 천하를 순조롭게 다스릴 수 있었던 까닭은 사물을 위해 법칙을 만들 수 있었기 때문이 아니라, 다만 각각 머물러야 할 곳에 머물게 했기 때문이다.

-『근사록』8권 치본

이 말은 성인은 주어진 법칙에 맞게 자기 자리를 지켜야 마땅하므로 모든 삶의 방식을 가까운 곳에서 찾을 때 "제자리를 지키는 것이 가장 기본적인 생각이다."라고 『근사록집해』에서 풀이하고 있다.

이에 따라 왕은 군주로서 올바른 위치와 기본적 역할에 충실하는 것이 최고 덕목이라고 믿었다. 군주가 언관에 대해 월등한 권력을 갖는 존재라기보다 제자리를 지켜야 하는 '적정행위자'여야 한다고 보는 것이다. 이 정신에 따라서 왕은 귀와 눈 같은 언관을 함부로 대하지 않고 정중하게 대했다.

다른 사회구성원 주체들도 이와 마찬가지이다. 부모는 부모 역할을, 군신은 군신관계 역할에 충실해야 그 사회가 올바로 된다. 그리고 그것이 법으로 정해져 있어 각자 역할을 준수하는 것을 바람직한 사회 질서인 것으로 인식했다.

왕도정치 책임

왕의 역할 존중과 실천 활동은 조선의 통치 이념인 성리학적 '왕도정치' 사상 덕분에 명분 있게 설정되었다. 왕이 스스로 이런 역할을 자임했을 뿐만 아니라 유학적 교양으로 충만한 왕과 관리들이 이상적인 왕도정치 여건을 갖추려고 힘을 합쳤기 때문이다. 왕도정치의 핵심인 유학적 민본사상에 근거한 '덕치'와 인정을 베푸는 '선정'이야말로 명분 있는 왕의 역할 논리였다.

강력한 왕권을 가진 왕들의 역할은 피비린내 나는 권력 투쟁이 아니라 안정적으로 권력을 유지하는 것에 있다. 그래서 왕이 왕도에서 벗어났을 때 언관의 견제는 왕권의 '악용 아닌 선용'을 위해 유학 이념에 따라 펼치는 역할을 실천한 것이다. 왕의 중요한 덕목이었기에 왕이나 관리집단에게 매우 자연스러운 행동이었다.

왕은 자원을 낭비하거나 소수집단의 권력 독점과 남용을 막기 위해서 오늘날까지도 사용되는 '공공'이라는 관점을 견지해야 했다. 근세조선의 왕이 공익을 지켜주는 역할을 제일 소중하게 생각했다는 점은 『조선왕조실록』에서 충분히 입증된다. 공익이 훼손되면 왕은 '혁신자'가 되어 권력을 강력하게 행사하면서까지 공익을 지키려고 애썼다. 오늘날 소수에게 집중된 권력 때문에 공익을 보장하지 못한 사례들을 자주 찾을 수 있다. 근세조선에서는 이미 이러한 남용을 막고 공공을 보장하는 제도와 노력이 있었다.

왕이라면 어느 시대 어떤 국가에서나 책임감, 의무감, 도덕심을 기본적으로 갖는다. 다만 권력 의지와 관계없이 혈통을 이어서 왕이 되다 보니 그 인식이나 강약의 정도는 왕마다 다를 수 있다(이희주, 2002). 근세조선에서도 군주인 왕이 갖출 덕목들 중 가장 소중한 것은 아마도 책임감과 의무감이었을 것이다. 유학의 규범윤리이자 도덕심이 반드시 수반되는 '권력 선용'이야말로 국정 운영 능력을 갖추는 것보다 더 중요한 핵심이었다. 권력은 당연히 선용해야 한다는 사회문화가 이미 공동 인식되고 제도화되어 있었다는 점을 주목해야 한다.

언로를 활짝 열고

말할 직책에 있는 자가 말하는 직무를 수행할 수 없으면 떠난다.

-『만장장구』

이 말은 부당한 것을 부당하다고 말해야 하는 자리에 있는 책임자의 역할 수행 방식이다. 직을 걸고 제 역할과 책임을 다하다가 관철시키지 못할 때 흔히 인용하는 말이다. 성종 때 잘못된 임명에 대해 언관이 함께 나서는 '합사閤司'로 6일 동안 간쟁을 하는데도 왕이 거부하고 받아들이지 않자 사직을 청하는 상소에도 맹자의 이 명언을 담았다. 여기에서 합사란 책임 있는 관계자들이 문제를 공동 인식하고 부당함을 간쟁하는 강력한 소통 방식이다. 합의를 무시하는 왕에게 자리를 박차고 나오는 충격 요법으로, 예나 지금이나 흔히 쓰는 전략이다.

임금의 마음을 바로 잡을 수가 없는데 자리나 지키고 외람되게 있는 것이 매우 미안하다.

-「성종실록」, 성종 23년 8월 갑인조

덧붙여 호소하는 이 말이 성종의 마음을 더 흔들었을 것이다. 왕의 마음을 바로잡아야 하는 역할 책임을 통감하는데, 도저히 왕과 소통이 이루어지지 않으니 마지막으로 할 수 있는 책임은 스스로 물러나는 것이다.

간쟁하는 신하 7인이 있으면 비록 임금이 무도하더라도 그 천하를 잃지 않을 것이고 제후에게 간쟁하는 신하 5인이 있으면 그 나라를 잃지 않을 것이다.

－『효경』간쟁장

공자는『효경』간쟁장에서 수치까지 구체적으로 제시하면서 이렇게 주장한다.『효경』은 인간의 아름다운 미덕인 효도에 관한 윤리를 이야기하는 책이다. 인간의 본분을 다하도록 자식이 아비에게 바른 말을 해 준다면 그것이야말로 진정한 효도라고 말하면서 신하도 마찬가지라는 뜻으로 이렇게 외친다. "임금이 간쟁을 따르면 곧 성인이며, 간쟁하는 신하는 복이고 아첨하는 신하는 적이다."

왕은 통치에 도움이 될 언로를 활짝 열어야 하고 관리는 적극적으로 참여해야 한다. 그렇기 때문에 중앙정치에 참여하는 지배층들이 우선적으로 공론을 제시하도록 한다. 당시에 '공론'이란 이성적 집단인 관리나 사림들이 합리적으로 논의해 형성한 의견으로 간주했다. 국사와 관련이 있으면 공론에 붙여서 결정하는 것이 당연했고, 이를 '여의與議'라 부르게 되었다.『조선왕조실록』에는 이 여의라는 말이 621번이나 나온다. 재상급 고위관리들이 참여하던 정책 논쟁에 언관이 참여하도록 언로를 활짝 열어 역할 책임을 부여한 것이다.

성종은 관리들에게 자기 역할을 확충시켜 주고 언로를 열어 의견을 적극적으로 수용했다. 이로 인해 성군으로서의 역할 책임을 다했다는 평가를 받기도 한다. 중종 때부터는 사림들을 적극 참여시키는 것이야말로 성군의 올바른 역할인 것으로 인식되었다.

결국 왕은 권력욕을 자제하고 관리들도 도덕적, 자율적으로 규제하는 환

왕의 소통

경을 만들어 자율 규제로 국정조직을 작동시켰다. 봉건적 주종관계와 상부 지시에 대한 순종을 미덕으로 생각해 국민의 정치적 비판의식과 자치적 사상이 제약을 받은 것은 사실이다. 외부와의 소통을 제한했고 직접적인 외부 통제를 제도화하지 못했다.

그 결과 성인군주에게 필요한 절제된 태도에까지 언관이 관여했다. 왕의 일상생활이 적합하지 않거나 도가 지나치면 사사로운 것이라도 제자리를 지키도록 간언했다. 예를 들면 왕이 집무보다 여가 활동에 더 많은 시간을 빼앗길 때는 가차없이 시정을 요구해 근면성실할 것을 촉구했다. 또 근무지로 복귀를 거절할 때, 근무시간을 잘 안 지킬 때, 종친이나 측근을 지나치게 많이 배려할 때에도 역할 책임을 강조하며 시정을 요구했다.

지나치게 역할 책임을 물어 탄핵하는 것에 불만을 가진 왕이 민감하게 반응한 경우도 있었다. 예를 들면 왕권이 강했던 태종이나 세조 때는 간쟁조차 드물었다. 왕이 간쟁을 억압했을 뿐만 아니라 관리들과 대립각을 세웠다. 그러나 왕의 정치적 의도에 따라서 자의적으로 또는 왕권 강화를 위해 그렇게 대응한 것으로 해석되는 측면도 있다(김영민, 2012).

그런가 하면 언관들이 탄핵제도 때문에 힘들어하는 왕을 도와서 정치 질서를 바로 잡는 데 공헌한 사례도 있다. 고려 왕조의 유신들을 제거하는 건에 대해 왕이 결정을 못하고 있을 때, 언관이 왕의 의지에 동조해서 숙청을 건의한 적도 있었다.

2. 왕과 관리의 대치

왕은 대개 차례가 오면 왕좌에 올라 막강한 권한을 부여받는다. 하지만 조선의 왕들은 능력 없이 서열만 되면 직위를 그냥 부여받거나, 죽을 때까지 왕위를 보전하지는 않았다. 처음부터 역량이 안 될 것으로 보이면 순서를 바꾸었다. 왕이 되더라도 치열하게 검증받았으며, 살아남기 위해 끊임없이 교육받고 역량을 키워야 했다.

이 과정에서 관리들의 적절한 도움을 받고 통치에 필요한 윤리, 도덕 같은 사회문화력에 바탕을 두고 규범을 만들었다. 훌륭한 교육학습제도, 권력 선용을 이끌어 가는 언론제도, 신뢰를 바탕으로 만들어지는 수많은 사회관계 속에서 역할 책임을 성숙하게 수행했다.

절대권력을 갖는 왕은 안 되는 일을 되게, 또는 해야 할 일을 안 되게도 할 수 있었다. 하지만 법제도가 확립되면 마음대로 권력을 남용하기가 쉽지 않았기 때문에 예나 지금이나 중요사항에 대한 논의의 마지막 절차는

'법제화'였다. 때로는 왕조의 부침과 더불어 왕의 독단과 전횡 때문에 사회가 불안했고 왕권 유지 자체도 불확실했다. 근세조선에서는 여러 가지 법에 근거해서 제도적 장치를 만들면서 이러한 불안을 줄였다.

법령은 군주보다 귀하다.

-『관자』 법법편

능력 있는 관리, 막강한 왕권, 엄격한 제도, 운용상의 순응과 비합리성 등이 뒤얽혀 역사는 늘 파노라마처럼 굴러간다. 정책을 마지막으로 결정하는 왕보다 법령은 더 귀하게 대접받는다. 군주가 욕심 때문에 법령을 바꾸지 않고 군신, 귀천, 상하가 모두 동등하게 법을 따르는 것을 '대치大治'라고 한다. 가장 이상적인 왕과 법의 관계를 표현한 말이지 않은가. 왕과 관리는 대치를 유지할 묘책을 세우기 위해 고민한다. 이런 상황에서 군주가 법체계를 무너트리는 것은 있을 수 없는 반사회적인 행동이기 때문에 용납될 수 없었다.

왕과 관리의 관계

국정 최고 책임자인 왕은 위정자로서 책임감을 교육받고 공공가치관이나 태도를 기준으로 삼아 행동했다. 또한 이러한 덕목이 '사회관계 질서'를 만들어 가는 잣대로 쓰이는 데 주력했다. 예를 들어 정치·경제사상에서 인仁, 천하위공天下爲公, 민본 등이 위정자의 덕목으로 정립되어 있었다. 그리고 세상을 다스리는 치세 이념으로는 도덕지상주의에 바탕을 둔 도덕 기준,

도덕적 이상, 도덕 실천을 사회적 가치로 확산시켜 대치를 이루었다.

법제도, 관행, 시스템은 한 나라의 기둥이고 정책은 벽과 같으므로 기둥과 벽 어느 한쪽도 떨어지지 않고 딱 붙어 있어야 온전한 나라가 된다. 조선은 일찍부터 『경국대전』을 큰 줄기로 하고 오밀조밀한 법제도를 마련해 사회를 디자인하고 질서를 잡았다. 한편으로는 관혼상제冠婚喪祭와 같은 가정의례 등을 엮어 붙이며 사회 전반에 예를 숭상하고 예와 관련된 제도와 관념을 깊이 심어 주었다.

공동체 질서로는 가족의 결속을 중시하는 가족주의, 웃어른 존중, 멸사봉공滅私奉公, 화합, 배려를 매우 높게 여겼다. 생활공동체 윤리에서는 향약, 규약 등 지연윤리, 종중윤리, 혈연윤리를 통해 사회 생활인들에게 소중한 '관계의 윤리'를 형성해 주었다.

또 하나 중요한 것은 권력 선용인식을 왕과 관리들이 '공유하는 시스템'으로 만들어 실천했다는 점이다. 국정 최고 책임자인 왕은 훌륭한 신하를 찾아 임용하고 싶어 한다. 신하를 지배 대상으로만 여기지 않고 소통하면서 협력하는 것이 근세조선 왕과 관리의 관계였다. 형사적 징벌이나 규제 전략으로 부정적인 활동을 이끌어 내는 지배복종관계와는 달랐다.

이러한 인식은 '간언제도'에 잘 반영되어 있다. 군주는 모든 신하들을 믿고 간언을 들을 준비를 하고 있어야 한다. 왕이 불신하는 자가 간언을 하면 자기를 비방하는 것으로 여길 수 있고, 신임하는 신하가 간언을 하지 않으면 자기 역할을 태만히 한 것으로 생각할 수 있기 때문이다.

끝으로 근세조선은 일찍이 공공성 개념을 왕을 비롯한 관리들의 행동 기준이자 중요한 사회가치로 『조선왕조실록』에서 여러 차례 언급했다. 유학적 공공성을 지배계급인 자신들의 계급적 이익을 넘어서 보편적 기준에 따라 백성들과 사회 전체의 이익을 도모하는 지향점이라고 본 것이다(최우영, 2002). 조선사회의 핵심리더인 왕, 관리, 양반 사이에서 공공성을 '공동 인식'하고, '공동 시동'하기 위해 노력했고, 이는 오랜 세월이 지난 지금까지도 우리 사회에 소중한 기준으로 전해 내려오게 되었다.

거울을 보듯이

거울이 없으면 자신의 생김새를 볼 수 없듯이 신하들의 간언이 없으면 정치적 득실을 정확히 알 방법이 없다. 시세의 흐름을 꿰뚫어 보는 혜안을 가진 신하의 충언은 군주를 바르게 할 뿐만 아니라 천하를 태평성대로 만들 수 있다. 이처럼 간언이 중요한데도 신하들이 침묵하는 이유는 간언을 할 분위기가 조성되지 않았기 때문이다.

-『정관정요』

『정관정요』는 당나라 태종 이세민이 정치의 핵심 내용을 설명한 제왕학 교과서 같은 책이다. 유학 정신을 잘 반영한 이 책은 유학문화권에서 널리 알려졌다. 조선시대의 관리들이 정치제도권에서 행동하기 위해 필요한 교과서로, 당연히 소중하게 여겼다. 가슴속 깊이 새겨두고 실천한 것도 바로 이 책의 정신이었다.

이 말은 간언으로 왕에게 권고하고, 왕이 사태를 분간하고 가릴 수 있도록 하는 지침이다. 조선유학의 실천 이념은 이처럼 철저한 자기관리에서 출발해 지식기반사회, 관료들의 자기 역할 인식으로 강력한 사회문화를 지향하며 발전했다. 그리하여 사회 각 분야에서 중요한 가치(행동중심적 유학 이념)로 자리 잡기에 이르렀다.

왕은 개인으로서의 존재감보다 왕의로서의 억할 책임 부담이 너 크시는

않았을까? 강력한 권한과 막대한 역할을 헤쳐나가는 데에는 강한 멘탈과 능력이 필요하다. 전통사회에서 왕은 종합적인 통치 역량을 갖추기도 전에 상징적인 역할뿐만 아니라 실질적인 권한까지 갖는다. 국가를 경영하는 데 필요한 지혜 없이는 버거운 자리였을 것이다. 대립과 갈등을 일으키며 막후에서 비정상적으로 행동하더라도 그것은 권력 싸움이 아닌 역할 책임 때문이었다고 봐야 한다. 아무리 근세조선의 왕권이 약했다고 해도 신하와 권력 싸움을 하며 전전긍긍할 정도는 아니었기 때문이다. 이런 역할과 관련된 소통은 그래서 필요하다.

창의적인 대치

왕과 관리의 권력 선용(남용 방지)을 둘러싼 논쟁과 이를 제도화한 통제시스템(권력 선용시스템)은 당시 사회에서 매우 창의적인 제도였다. 시대적으로 앞섰으며 책임성 확보나 권력 선용 압박 같은 다목적제도를 실용적으로 갖췄다.

이는 당시 사회문화력과 정치권력이 절묘하게 손잡고 제도화한 결과라고 평가할 수 있다. 왕이 스스로 권력을 선용해야 한다는 가르침을 체화하기 위해 법제도로 갖춘 것이다.

더구나 권력 선용을 무력이 아닌 사회문화력으로 전개했다는 점이 소중하다. 인본가치, 사회가치가 적절히 융합된 가운데 지식국가의 완결판을 짜낸 모습이다. 근세조선이라는 시대 상황을 고려한다면, '소통으로 형성되는 문화-권력-제도의 연계'를 바탕으로 조선사회 권력 선용이 대단한 것임을 알 수 있을 것이다.

선용의식을 확산시킨 또 다른 전략은 이러한 제도를 '공동 인식'하는 과정을 마련했다는 점이다. 이는 창의적인 활동 디자인에서 혁신의 시동을 사회 전반에 확산시키는 데 '공동 시동' 못지않게 중요한 준비 단계이다. 그 덕분에 왕과의 소통의 제도화가 자연스럽게 이루어졌으며, 오랜 세월이 지나도록 사회문화 DNA로 남아 내려올 수 있었다.

제도는 만드는 것 못지않게 유지하는 것이 중요한데, 언관제도는 조선 초기 권력형성기부터 세부적으로 잘 유지되었다. 유학지식사회를 바탕으로 사회 전반을 재구성해 질서의 틀, 책임의 미덕을 구체화했다. 다시 말하면 사회환경과 적응적 관계를 형성해 진화시킨 것이다. 그리고 근세조선 내 사회문화에까지 영향을 미쳤다.

권력 선용제도는 왕에서 시작되어 사회적 공감을 얻고 확산되었다. 성인 군주로서 왕은 하늘의 뜻을 실현하는 왕도정치를 이상적 지향점으로 삼았다. 조광조의 지치주의至治主義와 같은 것으로 그 원리를 갖추고 성인으로서의 제왕학 학습과 다양한 교육으로 스스로를 다듬었다. 공동체 구성원인 신하, 선비들도 이를 실천하기 위해 이 지식을 일반 교양으로 갖추어야 했다. 책임 있는 위치에서 역할을 다할 수 있도록 왕은 소통 구조를 만들어 이러한 여건을 구축했던 것이다.

3. 선용인식을 공유

소통하며 통제

왕과 관리는 서로를 어떠한 관계로 생각하며 지냈을까? 그들은 자기 역할과 더불어 성리학적인 군신관계로서의 직업윤리 책임을 갖는다. 이러한 상황에서 관리들은 법에서 부여받은 권한으로 자기 활동의 정당성을 지키고 집단적으로는 공공선을 추구하는 질서체계에서 활동했다.

관리들은 왕이 분배하는 토지를 받는 생활인으로 당시 사회에서는 높은 대우를 받아 누리며 지냈다. 그러나 왕에 대한 복종의 근거라고 할 수 있는 토지가 늘 부족했기에 현실적으로는 그 위상이 흔들렸다. 그러다 보니 관리들이 공공존립 명분만 지키며 당파적 유혹을 떨치기는 쉽지 않았을 것이다. 그렇다고 왕이 관리들에게 유학적 논리나 인간적 의리만을 일방적으로 강조해서 무조건 복종시킬 수도 없는 노릇이었다.

이러한 상황 속에서 전문관리에게 나타나는 역할의 특징과 왕과의 소통은 매우 의미가 있다(김운태, 1971). 자연스럽게 전문관리들 사이에서는 독특한 소통이 전개되었고, 이는 일부 관리집단에 대한 내부적인 통제 장치로 사용되기도 했다. 그러나 현대 사회문화 측면에서 다루는 소통시스템과는 의미와 목적이 다르기 때문에 해석도 다르게 해야 한다.

한편 사대부들은 일반 관리와는 다른 차원에서 역할 책임을 다했다. '사대부'란 수기치인을 목표로 삼아 성리학을 전공해서 관리가 된 이들이다(정옥자, 2012). 이들은 문사철文史哲을 전공 필수로 학습하고, 시서화詩書畫를 교양으로 갖춘 인문주의자들이다. 이러한 학문에서는 인본주의를 가장 강조했고, 무엇보다도 인간의 품격을 가장 소중히 여겼다. 사대부는 성리학적 인성론을 이론적 토대로 삼아 조선을 꼿꼿한 지식사회로 유지하는 데 기여한 집단이다. 무엇보다 공공성을 대의명분으로 살아가는 존재였기에 근세조선의 새로운 면모를 가져오고 지키는 데 기여했다.

사대부들은 자기 역할에 전문성과 자부심을 걸고 행동하는 성향을 가졌으며 지켜야 할 도리와 자기 이름에 걸맞는 분수 존중을 생명으로 여기는 행동주의자들이었다. 그 결과 실제로 문제가 생기면 명분과 실리를 합치시키도록 노력하고 양자가 상충되면 실리를 버리고 명분을 살리는 쪽에 섰다. 가뜩이나 왕도정치를 내건 통치 방식이 사대부들을 뒷받침하고 덕에 맞게 다스리도록 솔선수범하며 존경까지 받으니, 그들은 스스로 엄격한 자율 통제 준칙을 마련해 지켰다. 동시에 이렇게 행동해야 한다면서 백성들을 교화시키고 이끌었다. 이것이 조선시대 사회문화를 이끌어 가는 힘이었다.

십수 년 이래 사대부들 사이에는 서로 말하기를 피하고 재상들은 어물어
물 우유부단해 구차스레 무사하기만을 바랍니다. 대성(사헌부와 사간원)
에 있는 자는 시세에 따라서 부침해 좋은 벼슬을 보전하려는 마음이 갈수
록 심합니다. 그 폐단이 극에 달했기 때문에 전하께서는 허물을 들을 수
없게 되셨고 마침내 국사가 이 지경에 이르렀습니다.

이것을 생각하니 신들은 저도 모르게 모발이 송연해집니다. 더구나 지금
은 형세가 매우 위급해 이미 다 전복되었으니 이야말로 분발해 계책을 마
련하고 알려야 할 때입니다. 그런데 한 사람도 임금에게 따지고 책망하는
것을 들어보지 못했고 전하께서 한 말씀 하거나 어떠한 일을 채택해 시행
하셨다는 말도 들어보지 못했습니다.

이것은 오늘날 말을 할 만한 일이 없어서 그런 것입니까, 아니면 말을 했
으나 취할 것이 못되어 그런 것입니까?

-『선조실록』, 선조 27년 7월 을유조

왜 사대부들이 입을 닫았을까? 우유부단하거나 복지부동이 아니라 간접적인
거부였을 것이다. 이는 대놓고 왕권에 항의하는 것 못지않게 더 심한 무언의
압박으로 작용해 왕을 옥죄지 않았을까.

왕이나 관리들의 역할 책임 의지는 어려서부터 유학을 학습하고 생활 속
에서 익혀나가는 데서 시작된다. 관리들은 여건에 맞는 의견을 제시하는
것을 중요한 역할로 인식했다. 처벌받거나 분위기가 험악해지더라도 책임
있는 관리는 의연하게 나름의 역할 책임을 다해 정성껏 간쟁을 해야 했다.

뒤에서 자세히 다루겠지만 주도적으로 언론 역할을 수행하는 쪽은 언관
들이었다. 국정을 올바르게 운영할 수 있도록 왕에게 의견을 전달하는 다

왕의 소통

양한 활동을 펼쳤다. 공론정치公論政治를 목표로 해 폭넓게 언로를 열어두는 광개언로廣開言路를 제도화해 두었다. 언관은 왕의 뜻에 순종만 하지 않는 순지거부順志拒否를 하고 왕은 언관의 말을 물 흐르듯이 따르는 종간여류從諫如流를 미덕으로 삼았다. 소통의 경로, 방법, 수용하는 입장을 다양하게 표현해 소통을 펼쳤다.

이 과정에서 영리한 언관은 왕의 기분이 나쁘지 않게 하면서 소통을 한다. 예를 들면 완곡하게 돌려서 말하는 풍간諷諫, 부드럽게 설득하는 순간順諫이 있다. 또한 충성심을 담아 왕이 스스로 경계하도록 하는 규간規諫, 왕의 과실을 글로 지어 올리는 치간致諫, 눈치 보지 않고 시비선악을 바르게 쏘아붙이는 직간直諫, 도끼를 들고 결의를 보여 주는 지부극간持斧極諫 등 다양한 방식으로 이루어졌다(이규완, 2009). 간쟁의 효과를 높이면서도 왕의 권위를 존중하는 '소통의 기술'인 것이다.

공공통제를 제도화

근세조선은 비교적 일찍부터 국가조직의 기틀을 잡고 책임 있게 운영하는 행정제도를 마련했다. 이로써 왕과 언관은 각자의 위치에서 제 역할을 '공동 인식'하게 되고, 왕은 자신에게 직언을 하는 언론 활동도 무리 없이 받아들이게 된다. 더불어 관리들도 행정조직과 법제도에 따라서 공공성에 맞는 행동을 유지할 수 있었다.

토지는 공유(국유)가 원칙이며 공공조직을 유지하는 중요한 기반이었다. 수전제도授田制度 덕분에 관리들은 공공성 준칙에 따라 행동하고 권한을 악용할 수 없었다. 여기에서 왕과 관리 사이의 기본적인 관계가 형성된다. 조선 건국 초에는 지배관리들의 경제력인 밭과 땔감나무를 키울 땅인 전시지田柴地를 배분해 공공관리체계를 세웠다. 그 뒤 직전법職田法과 관수관급官收官給제를 만들어 현직자와 전직자에게 지급하던 것을 현직자만으로 제한하고 뒤이어 그들이 토지를 직접 지배할 수 없게 했다.

결국 세습이 전제된 지주적 성격에서 고용관리적 성격으로 바뀌었고, 이에 따라 관리들의 사회경제적인 권력 비중도 자연스럽게 낮아졌다. 이는 왕족, 공신, 고급관리에게 생활 수단을 보장해 주는 동시에 사리를 추구하지 않고 업무에 전념할 수 있도록 하는 전략적 효과를 기대한 운용이었다(정효섭, 1964; 박경재, 1976).

그 외에도 관리들이 절제와 책임을 다해서 활동할 제도를 구축하고 그것을 소통 경로로 활용한 점이 돋보인다. 인사 또는 재무 감시감찰을 목적으로 상피제, 임기제, 고과, 해유를 제도화해 왕과 관리의 관계 형성이 올바르게 이루어지도록 만들었다. 또한 암행어사를 두거나 중앙관리를 지방관서에 배치해 지방관리들과 소통하도록 했다. 책임과 공직윤리를 제도화해 소통을 펼칠 수 있게 한 것도 이러한 취지이다. 소통하면서 통제하고 통제하면서 소통했다.

관리들에게는 법제도 못지않게 스스로 자신을 규제하는 자율 통제 사회문화가 중요한 영향을 미쳤다. 당시 관리들은 유학지식을 즐기고 그 속에서 자율적 규제력을 찾아 행동 준거로 삼았다. 또한 정책 논쟁을 하면서 다양한 방식으로 연계되어 활동했다.

관리들의 책임 있는 소통 역할을 긴 안목으로 살펴보면, 사회문화와 소통의 문제가 '공진화'할 여지는 만들어 둔 것으로 해석할 수 있다. 유학지식과 소통이 연계되어 조선의 정치경제제도로 꽃피운 것은 유학 기반의 사회환경 조건과 '적응적 관계'를 형성한 것이다. 특히 유학 이념은 관리 내부집단의 상호관계에 영향을 미쳤고, 대외 활동으로 관계를 이끌어 가면서 진화되었다.

왕이 유학지식을 학습하면서 스승인 신하들과 소통한 결과 정책 문제를 공유하고 공동으로 인식하는 계기가 되었다. 이렇게 왕과 관리들이 공동체 생활의 '관계 기준'을 만들어 간다. 또한 이것이 사회에 확산되어 '책임 역할' 분담의식을 굳게 한다. 이로써 왕, 관리, 양반의 길이 제시되었고 그를 성실하게 준수하는 자율 통제 기반으로 역할 분담이 이루어졌다.

4. 사회문화와 연계

오늘날 '사회문화'라는 말은 기존의 문화제도와 다른 새로운 문화 활동을
목표로 제시하는 문화운동 용어로 쓰고 있다. 이 말은 조선시대의 모습을
설명하는 데는 터무니없는 쓰임새이다. 이 책에서는 사회문화를 권력에 대
비되는 사회문화 활동, 문화가치, 문화제도를 설명하는 포괄적인 뜻으로
쓰려고 한다. 문화와 지식을 존중하는 사회문화 풍토, 문화가치 육성에 값
어치 있는 활동, 문화 안에 품고 있는 정신이나 사회관계의 뜻을 담는다. 결
국 사회와 문화의 '관계 만들기'에 해당되는 활동들을 말한다.

　조선의 사회문화는 공공, 검약, 근면의 미덕을 이끌어 공동체 생활 방식
을 보편화하는 데 기여했다. 이는 우리뿐만 아니라 유학의 영향을 받은 아
시아 국가들에서도 예로부터 현대까지 폭넓게 사회의 중심윤리로 자리 잡
고 있다. 유학의 가르침으로 욕망을 극대화하기보다는 자제를, 소비보다는
검약을, 과시보다는 겸양, 물질주의보다 정신주의를 지향하는 사회관계를

유지하고 있다. 유학의 명분주의를 가치 기준으로 삼다 보니 합리사회가 늦게 싹텄다고 비판할 수 있지만 적어도 사회 질서를 위험에 빠트리지 않는 자율자강의 뿌리가 되었다고 본다.

그 덕분에 조선 관리들은 적어도 정신적 오염에 민감하고 수양하듯 행동하며 도덕률에 따르도록 교육받았다. 관리들은 업무를 수행하면서 적어도 군자의 입장, 인륜도덕의 중시, 청렴결백을 견지해 오늘날 공리주의나 실용주의와는 다른 사회를 지향했다. 당연히 물질적 풍요사회보다는 도덕적으로 고상한 사회관계를 선호하고 정치 목표로서 선이나 도덕 실천의 이념을 중시했다(君塚, 1999).

그리하여 관리들은 이념적으로는 권리와 의무를 중시하고 자기 이익보다는 충성이나 민본주의 입장을 중요한 덕목으로 삼았다. 교육학습에 힘쓰고 소통하며 준수한 결과 유학을 이념적으로 활용해 권력을 정당화시킨 측면도 있다. 법치보다는 덕치를 통치 원리로 하고 성인군주의 지배를 정당화했다. 하지만 균형 잡힌 판단을 중시하는 중용中庸의 미덕을 키웠다는 것으로 해석할 수 있다.

큰 안목으로 보면 근세조선의 사회문화는 양반사회의 철학 논리를 굳게 유지하면서도 새로운 문화접변을 이루었다. 농경 정착 생활을 하면서 축적된 풍성한 기존 사례들이나 경험치를 준거로 활용해 사회문화나 공공질서를 잡아가는 데 활용했다. 공직에서 물러난 사림 지식인들은 향토 역사를 지식 논리로 활용하며 지역의 자산을 유산으로 남기도록 키워 왔다.

관리들은 사회문화와 체면에 맞춰 행동하다 보니 개인의 사익 목적을 챙기려고 부정하게 행동할 수 없었다. 이 정신을 담은 생활공동체 규약이나 금지는 모두를 위한 공공성 행동을 높게 평가했다. 근검절약과 올곧은 행동은 유학에서 강조하는 관리들의 이상적인 태도였다. 이러한 인식이 '공유'되고, '공동 시동'을 하며, '공동 창발'에 이르도록 모든 공교육이나 사교육에서 공공성이 강조되었다. 유학의 가르침을 실천하는 지도자의 덕목을 강조해 청백리淸白吏를 표상으로 삼았던 것이다. 공직자 책임의 당위와 미덕은 공공성 측면을 기준으로 소통하는 데 있었다.

이러한 것들이 종합적으로 활용되면서 소통 부재로 인한 사민 사회계층 간 갈등을 중화시키는 역할을 했다. 계층에 가로막혀 소통이 원활하지 못했다는 논의를 무색하게 할 정도로 소통의 벽을 넘기 위한 다양한 사회문화 시스템을 정착시켰다. 백면서생 유생들이 과거에 응시해 실력을 인정받고 신분 상승을 이룬 것도 하나의 예이다.

조선의 사회문화를 형성하는 데 도움이 된 사회 전략 개발의 장을 주목해야 한다. 사회구성원 모두가 각자의 역할을 인지하고 역할 수행(유학의 역할론)과 질서 원리를 세련되게 만들어 가면서 발전했다. 학문지식은 주도 계급의 차별화를 가져오기 마련인데도 권력자뿐만 아니라 사회 전반을 디자인하면서 지식사회의 기틀을 강화했다. 공공절차를 논의하는 소통을 거치면서 유학 지식인들은 자존심과 존엄성을 갖게 되었다.

당시 사회를 이끌었던 현직관리나 퇴직관리인 양반들은 현상을 유지하기 위해 기반지식을 열심히 닦았다. 생산 활동에 참여하지 않았던 선비와 양반들은 검약과 절제를 미덕으로 실천하면서 나름대로 자강불식自强不息을 생활에 반영했다. 한편 중인들은 생존을 위한 생산 기술지식을 연마했는데, 그것은 기술이자 현대적 개념의 공예 예술 기량이었다. 농업 생산계급인 백성들은 신분 이동이 어려웠으나 양반들의 활동윤리를 본받아 자신들의 생활윤리로 받아들여 준수하는 태도를 견지했다.

이처럼 국가, 사회, 개인에 녹아 들어간 사회문화가 근세사회 생활 규율에 합당한 기준을 세웠다. 도덕은 인격을 형성해 '공동체 질서'를 이끌어 가는 근원이었으므로 특히 '공공도덕 교육'을 중시했다. 철학적인 논쟁을 거듭하면서 세련되게 발전시킨 이상사회 추구 논의들은 근세조선사회에 있어서 개인이 성현을 목표로 수신하는 것으로 자리 잡아 갔다.

사회 발전을 논의하면서 유교에 민주주의를 합친 '유교민주주의(Confusian democracy)'라는 말을 쓴다. 정치가 그릇된 길로 접어들면 곧바로 하늘의 뜻에 따라서 민중들은 혁신을 요구하고 나선다. 만약 이를 받아들이지 않으면 주권자인 국민을 우롱하는 것이 된다. 그 바탕에는 유학에서 학습한 민본사상이 깔려 있기 때문이다. 이것이 바로 '위에서 아래로' 향하는 민본주의, '아래에서 위로' 향하는 민주주의가 결합된 것이 아니겠는가.

더 나아가 지식을 기반으로 하는 미래사회의 새로운 패러다임은 우리 주변에 있다. 유학을 생활의 잣대로 삼으며 밭농사가 아닌 물농사로 공동체 협동 생활을 이어가던 사회의 '도구적 이성'을 높게 평가해야 한다. 이는 조선유학이 당시 사회에서 변화를 일으키던 잠재적 세력이었기에 확신으로 다가온다. 자본주의를 넘어 지식정보를 바탕으로 사회관계자본이 무엇보다 중요해지는 시대에 민주주의의 의미를 유학의 가르침에 바탕을 두고 재구성하는 것이 바람직하다는 논리가 설득력을 갖는다.

생활공동체 활동 기준

조선사회는 유학적 위계질서가 엄격하다 보니 공동체 생활에서 수직적 소통뿐만 아니라 수평적 소통이 어려워 활발한 의사 표현이 힘들었다고 보는 견해가 많은데, 사실은 그렇지 않았다. 적극적으로 의사 표현을 하되 지식인의 책임에 걸맞게 신중하게 말해야 한다는 것이 유학의 가르침이었다. 유학은 오히려 조선사회에서 양반 사대부들의 조직 구조와 인간관계를 정의하고 실질적으로 형성하는 데 기여했다. 유학이 가르치는 사회 질서를 유지하기 위해 관계(상하 관계)를 유지해야 했을 뿐이며 동일계급 간 수평적 소통을 막은 것은 아니었다.

오히려 조선유학은 백성들의 삶의 터전인 '생활공동체' 내외부에 소통의 롤(role), 룰(rule), 툴(tool)을 만들어 내는 데 기여했다. 사회문화 측면에서 보면 어느 시대 어떤 삶이든 서로 더불어 살아가는 지혜를 모으고 인간관계를 형성하는 소통은 매우 중요하다. 사회문화를 형성하는 소통은 심성에서 비롯된 것이다. 공동체 속 끈끈한 관계에서 공존, 공생을 유지하는 데 필요한 심성으로서 용서, 공감, 존중, 배려와 같은 것들이 기본적인 행동 원리였다.

또 인간의 생로병사 과정마다 생활문화 예의범절을 따라서 상호 소통하는 절차를 엄격하게 규정해 인간존중적이고 인본주의적인 삶을 유지시켰다. 효제孝悌와 같이 자연적으로 발휘되는 인간의 착한 마음에 착안해서 이를 존중하고 확충함으로써 인간의 선한 기본을 완수하려고 하는 교양주의를 생활 속에서 키워냈다(도광순, 1976). 이기적이지 않고 인, 의를 존중해 타자를 배려하는 애타주의가 싹트게 되었고 이 속에서 '자타의 이익'을 균등하게 존중하는 상호주의도 함께 생겼다. 이러한 가치관이나 태도는 중용과 같은 균형 상태를 적정하게 유지해야 하는 공공정신의 기준으로 작용하게 되었다.

왕의 소통

사회관계 방식 만들어

사회문화는 어떻게 근세조선의 정치·경제 소통 방식을 만들어 냈을까? 기본적으로 인간의 사회성과 인간관계를 중시하고, 인간사회를 긍정 신뢰하며, 사회적 참여나 봉사를 중요시하는 사회관계를 공동 인식하게 되었을 것이다. 생산집단에서는 숙련된 선임자를 존중해 복종하며 그의 경험을 높이 사는 것이 덕목이었다. 공동체사회의 발전을 위해 인, 의, 예를 중심으로 하는 관계 소통의 기본은 '존중'이었다.

이렇게 산업으로 발전하기 전 자연을 기반으로 하던 농업공동체 생산 활동 과정에서 정치·경제 활동을 학습하게 되었다. 공동체 목적을 존중하며 사는 방식으로 상호 소통 메커니즘을 중시하고 일정한 약속을 정해서(규율, 향약) 지키도록 하는 교조적인 관계 방식을 지향했다.

생산 활동을 맡은 계층은 사회적 신분 때문에 지식사회 주류에 적응할 수가 없었다. 그들에게는 원리적 이론지식이나 관념보다는 실천과 행동이 더욱 중요했다. 구체적인 경험 사례와 현실적인 생존 기술 자체를 강조하는 행동중심주의가 그들의 생활 방식이었다. 그러나 양반의 생활문화를 따라가야 했기 때문에 상민들도 자연스럽게 유학문화의 영향을 받았다.

경제나 물질을 보는 관점에 있어서는 유학에서도 물적 풍요를 긍정적으로 보고 경제적으로 부족함 없는 실천적 삶을 꿈꾸지만, 현실은 이에 따르지 못했다. 검소하고 풍요로운 도덕성을 강조하며 상업을 하지 않는 문인 관리들을 비난하기보다는 존재감을 인정했다. "의식이 풍족해야 예절을 안다."라고 말하면서 물질적 풍요를 추구했으며 그에 바탕을 두고 예절을 갖추는 관계 형성도 당연시했다.

특히 경제 활동에서 신용과 근면한 태도를 직업윤리로 장려한 점을 잘 보아야 한다. 부의 배분 원리로 대동사회大同社會를 강조하며 동시에 이를 공동체 유지 질서의 규칙으로 삼았다. 직접적인 생산그룹들이 이론적 과학보다는 실용적 기술을 지향하며 생활 속 편리를 추구하는 생활 기술을 발전시키는 데 기여했다.

정치관계에서도 도덕, 선의 실현을 내세우며 민중의 내면을 이끌어 가는 정치문화를 만드는 것에 주력했다. 왕의 행동 기준이었던 공공중심 민본주의를 관리들에게도 강조하면서 당시의 정책 개발 원리로 삼았다. 계층제적인 행정 관리 원칙도 유학적 가르침에 바탕을 두어 권력보다 권위를 관리 조직 질서의 기반으로 존중했다.

이로써 지역사회의 사회 활동과 질서 유지 활동이 세심하게 갖춰졌다. 인륜의 기본인 효도, 부자관계, 어른에 대한 존경심은 유학의 가르침이자 지역사회 공동 운영의 질서 원리였다. 가족공동체의 혈연윤리나 혈연 네트워크를 기반으로 하는 구성원의 상부상조는 농업 생산에서 '협력'을 이끌어 내는 중요한 역할을 했다. 지역공동체의 지연地緣윤리에 바탕을 둔 단결이나 부드러운 대인관계, 귀속집단 우선 대우, 도덕의 형상화로서의 예절 등이 모두 공동체 운영 원리로 역할을 다했다. 한마디로 '연대성을 회복하는 소통'을 촉진시키는 활동이었다.

소통을 할 때 갖춰야 할 예절은 일상생활에 그대로 답습되었다. 도덕 교육과 수신의 중시, 인문주의적 가치, 합리적인 인식, 중용 강조, 생애 통과의례, 연중기제의 관념을 중시하는 가치관이 사회윤리의 바탕이었다. 이러한 특색 있는 가치관과 태도는 조선사회에서 자연스럽게 형성되었고 농경 생산 활동을 이어 가는 기본이었다. 유학 가르침에 바탕을 둔 정신세계의 이상향이었으며, 오늘날 윤리적 가치라고 하는 것들과 연관선상에 있다. 또한 우리나라뿐만 아니라 아시아 국가들의 경제윤리문화와 오늘날에는 세계 경제 흐름에까지 전면적인 영향을 미치고 있다.

학자들이 서구 자본주의와 다른 무엇인가를 찾아내려고 연구한 결과 유학문화가 새삼 주목받게 되었다. '사회문화의 힘'이 해당 국가들의 제도, 시대적 가치관, 역학관계의 변화를 주도했다고 보는 것이다. 이 모두가 유학의 생활문화와 사회·경제윤리가 작동되어서 이루어진 결과였다.

요약하자면 조선의 사회문화 활동은 운동이 아닌 현상이다. 문화의 힘으로 사회가 순화되는 현상을 보여 주었고, 활동 결과 사회가 진전되는 현상, 또는 공진화되는 움직임까지 볼 수 있었다. 그 내용은 문화가치를 보호, 전달하는 입장이었으며 대부분은 문화와 사회의 '관계 만들기'였다. 뒤에서 논의할 내용인 소통의 바탕인 공공성, 소통의 장, 소통에 참여하는 이들, 소통의 제도화, 소통 대상에 대한 배려들을 사회문화의 힘으로 보는 것이다.

그런데 이런 좋은 제도를 왜 지속하지 못했을까. 지속발전하려면 관련 요소들이 공진화해야 하는데, 그러지 못했다. 군주제도가 사회문화에 맞춰가지 못했고, 경제 생산계층인 상민과 소비층인 양반 간 생산 기술 소통이 원활하지 못했다. 횡적 소통은 강했지만 종적 소통과 기술 개발 교류가 원활하지 않아 공공소통이 제약을 받았다.

그 결과 조선 후기에 이르러 사회경제적인 모순이 생겼고 서학이 들어오면서 공공권력의 사회문화 정체성에 혼란이 생겼다. 그럼에도 불구하고 중국의 한 왕조가 평균 150년 정도 유지된 것에 비해 조선은 500년 장기 지속 발전이 가능했던 이유는 역할 존중과 역할 책임에 바탕을 둔 소통과 책임성 확보 제도들 덕분이었다.

3장

공공성을
최우선으로

권력자가 사사롭게 총애하는 사람에게 관직을 내리면 백성이 복종하지 않는다.

-『자치통감』34권

1. 왕도의 공공성 강조

조선의 '공부하는 왕'은 주로 무엇을 학습했을까? 왕은 권력을 갖게 될 후보자 시절부터 공공성을 주로 학습했다. 공공성은 왕에게 주입된 자연스러운 행동윤리였다. 그리고 실제 왕좌에서 국사를 집행하는 기준으로 공공성을 의사결정의 준거로 삼았다.

이런 철학은 단지 왕뿐만 아니라 관리를 비롯한 모든 권력층이 공유하도록 되어 있었다. 공공이라는 말을 권력과 관련해서 쓰면 '천하대의天下大義'를 뜻한다. 왕권에 관련된 법률뿐만 아니라 관리들의 권력에 연결된 논의 자체가 공적인 공공담론이다.

왕이 학습하는 『맹자』에 나오는 여민興民은 공공성을 표현한 단어이다. "백성과 함께하면 된다."라고 하는 세종의 말도 공공이 강조하는 '함께의 가치'를 소중하게 여기는 행동 방향이다. 맹자도 "백성이 고귀하고, 사직은 그 다음이며, 임금은 가볍다."라고 말했다. 이는 임금이 백성을 포함한 공공을 우선시하는 공공가치를 책임져야 함을 말한 것이다. 사리사욕에 치우치면 왕이나 권력자라 할지라도 함께할 수 없다는 담백한 이야기이다.

공공질서와 공공성을 존중하는 것은 무엇보다도 국민과 함께하는 데 우선을 둬야 한다는 선공후사先公後私, 공공마인드 가르침을 실천하는 행동지표였다. 조선시대에서는 공공을 어떻게 인식했을까? 공공이라는 말은 사마천의 『사기』에 가장 먼저 등장한다. 글자를 풀어서 보면 '모두公가 함께共한다'라는 뜻을 담고 있다.

나라의 일을 할 때는 공공을 우선 기준으로 삼고 사적인 이해관계는 나중에 생각하는 선공후사를 당연하게 생각한다. 또 천하 모든 일이 공공을 위한 것이라는 천하위공天下爲公을 정의로 삼고 중요한 직업윤리로 여긴다. 공공성의 인간적 존재 형태는 많은 사람들과 생각을 공유하는 것, 즉 다수의 생각을 공공으로 보는 중인공공衆人公共의 뜻이다. 모든 이들이 함께 공공성을 사회가치로 중시하고 으뜸으로 삼는다는 것이다.

일찍이 성리학에서 공공이라는 말을 사용할 때 '모두가 함께하는 도리'인 공공지리公共之理로 썼고, 오늘날에는 이 말을 줄여서 공리公理라고 사용한다. 재미있는 점은 성리학에서도 공공共公이라고 쓰거나, 단독으로 공公만 쓰기도 했다(조성환, 이변한, 2019)는 점이다. 이렇게 보면 공공성은 천지자연의 순리를 다스리는 하늘과 사람들이 희로애락을 함께하는 천인공공天人公共의 권력 사용 방식을 의미한다. 다시 말하면 공공을 위해서만 권력을 사용해야 한다는 것이다.

『조선왕조실록』에 많이 나와

공공성을 어떤 형태로 강조했는가? 『조선왕조실록』에 등장하는 단어에 주목한다면 그 시대의 사상, 왕의 생각, 주요 활동을 읽을 수 있을 것이다.

공공성 개념은 『조선왕조실록』에서 623차례, 『승정원일기』에는 1,265건 가량 등장한다. 공공을 뜻하는 유사 용어를 공공성 개념으로 사용한 예문도 매우 다양하다(가타오카 류, 2016; 김영주 2014). 예를 들면 천하공공天下公共, 만세공공萬世公共, 고금공공古今公共, 거국공공擧國公共, 공공지의公共之義, 공공지론公共之論, 신인공분神人共憤, 신인공쾌神人共快, 신인공환神人共歡이라는 말들이 모두 공공이라는 뜻을 담고 있다. 공공성은 이처럼 생각이나 행동을 할 때 반드시 따라야 하는 행동 원리나 철칙으로 여겨졌다.

이 공공성 개념은 조선만의 특징을 지니며 중국이나 일본과는 다르다. 중국이나 일본에 비해 조선에서 훨씬 많이 사용했다. 『조선왕조실록』처럼 중국의 정사를 기록하는 『이십오사』에는 공공성 개념이 불과 14건뿐이고 1,300년의 역사를 기록한 『자치통감』에도 겨우 6건, 『명실록』에는 10건 정도에 그친다.

공공성의 좌표를 설정하는 데 있어서 조선의 공공성은 만세공공처럼 시간 개념을 혼용하거나, 거국공공처럼 공간 개념과 함께 구체적으로 쓴다. 결국은 시공을 넘어서는 영원한 진리라는 '공공주의公共主義' 의미를 담고 있다. 이처럼 담론에서도 공공성 개념의 사회적 존재 위치를 시간, 공간, 인간의 3간을 넘어 명확히 하고 있다고 해석할 수 있다.

또한 조선의 공공성은 공사 간에 높낮이를 구별해 두지 않고 '공公'과 '사私'의 사이에 공공이 있다고 보았다. 중국에서는 '공'은 높은 자리의 왕이나 위정자를 뜻하고, '사'는 아랫사람을 뜻한다. 일본에서도 오늘날까지 헌법에 '공공의 복지'라는 말을 쓰는데, 이는 위에서 아래로 뭔가를 베푼다는 의미이다(중앙선데이, 2014.2.23). 이러한 특징은 조선에서 공공이라는 말이 현대 공공성 개념에 매우 가깝게 쓰였다는 것을 보여 준다.

무엇보다도 조선에서는 공공성 개념을 왕의 가치관이나 철학에 올곧게 담고 있으며 실천 행동으로 적극 활용하고 있다. 또한 왕이 공공을 중시해 국가 경영의 주요 지표로 삼은 결과 왕의 민본의식이 자연스럽게 실천적 공공행동으로 옮겨갈 수 있었다. 조선이 오랫동안 유지된 이유도 '모두가 함께하는 공공성'을 이데올로기로 중시한 데 있다.

조선시대를 공공성 개념조차 없이 사적인 관계만으로 형성된 사회라고 비판하는 견해들이 있다. 그들은 사민계급사회, 공공주체성 활동 미약을 예로 들어 비판한다. 그러나 개념, 인식, 조선 공공성의 특징에 따라서 사회 문화가 독특하게 형성된 점을 다시 살펴보아야 한다. 또한 공공성 관점에 주의하면서 각종 관계를 형성하거나 국가정책이 결정되었다는 점도 인식해야 한다.

관계의 공공을 의미

조선시대의 공공성 개념은 공공주의, 거국공공, 만세공공이라는 말이 뜻하듯 주로 '관계'에 있어서의 공공을 의미한다. 공공관계는 왕과 백성들이 함께할 공적인 관계를 만들어 내는 가치 철학으로 존재했다. 왕이나 관리들은 공공성을 기반으로 백성들을 대해야 한다는 이념으로 일했다. 이런 점에서 공공의 개념은 왕의 영역과 일반 백성의 '매개 영역'을 뜻하며 쓰였다.

결국 어떤 문제를 결정할 때 왕과 관리들은 공공을 최고의 가치나 지향점으로 삼고, 인간관계를 온전히 공적인 것 또는 사적인 것 한쪽에만 몰두하지 않았다.

이런 점에서 볼 때 공공성을 지향하는 왕의 소통 전략은 당연히 '공론'을 따르는 것이다. 왕이 바른 정치를 하면서 공론을 따른다는 것은 공공성 개념을 존중할 뿐만 아니라 실천하는 것을 뜻한다.

> 예나 지금이나 천하에는 공론이 있었으니, 온 나라 사람들이 당연하게 여기는 것을 공론이라 이릅니다. 공론이 시행되면 국시國是가 정해지고 아름다워지지만, 공론이 폐기되면 아름답지 못하게 됩니다. 명망 있는 왕의 다스림은 한결같이 공론의 소재를 따랐던 것입니다.
>
> ―부제학 안침의 상소, 성종 23년

'한결같이' 공론의 소재를 따랐다고 하는 부분에서 왕의 공공성 인식이 꾸준했음을 알 수 있다. 왕의 품격이 공론의 존중에서 드러난다는 것이 여실히 느껴진다. 이런 상소문은 공공성이 왕도의 지표임을 끊임없이 왕에게 인식시켜 줄 뿐만 아니라 관리들도 이를 공동 인식해야 한다는 취지를 반복해서 이야기하고 있다.

그렇다면 왕을 보필하는 관리들에게 공공성은 무엇이며, 어떻게 습득했을까? 예비 관리인 유생들은 학습을 거쳐서 공공성 가치관을 갖게 되었다. 빈번히 상소를 올리고 왕과 밀접한 관계가 있는 유생들에게 공공성 기준을 형성하는 과정은 매우 중요했다. 그들의 교육기관이었던 성균관은 최고 권위의 공공교육기관이었고, 교육받은 뒤 관리로 나아갈 때 체제 유지를 위한 핵심 주체의 역할을 했다. 당연히 '어떤 가치관과 태도'를 갖출 것인가에 초점을 두고 교육했다.

관리로 등극하는 과거시험 준비 과정에서도 유생들은 공공관리의 자질을 학습했다. 관리가 된 뒤에도 공공성을 추구하는 정치집단으로 명분 있게 역할을 수행했다. 공공의 대의를 그르치는 고위관리를 탄핵하는 데 앞장서서 행동하거나, 잘못된 정치에 대해 비판적인 태도로 항변하기도 했다. 이렇듯 유생과 왕은 어떤 형태로든 공공성을 지키는 수호자로서, 떼려야 뗄 수 없는 관계를 유지했다.

이런 배경 때문에 과거제가 존속하는 한 성균관의 교육 방식이나 교육 내용은 당연히 공공성을 강조할 수밖에 없다. 당시의 수업 내용은 오늘날의 정치학, 정책학, 공직윤리 등에 해당된다.

과거급제자 수가 늘어나 정치행정의 중심세력으로 커지면서 그들은 공공성의 실천에 대해 더 큰 명분, 논리를 개발하고 실천하기 위해 고민했다. 예를 들면 김종직, 그의 제자인 김굉필, 정여창, 김일손 등은 관리로 등극하면서 조선의 공공성 정치 이데올로기를 강화하도록 힘썼다. 부패한 정치를 개혁하기 위해 성균관에서 학습한 공공성 논리에 따라 유향소를 부활시켜 부패한 향리들을 규찰하는 등의 실천 전략을 마련했다.

사회문화로 자리매김

공공의식은 어떻게 공동 인식되고 생활 속에서 지켜야 할 행동 기준으로 자리를 잡았을까? 공공성 질서의식이 사회적 기준으로 작용한 것은 오늘날과는 수준이 다르지만 사실이다. 소통이 어렵던 시절에 이것이 가능했던 것은 사회적 연결관계에서 중간다리 역할을 하는 그룹이 있었기 때문이다. 다양한 계층의 집단은 공공성 인식과 공유를 위해 상호 소통했다.

왕이 관리를 임명하고 성과를 평가할 때 객관적인 잣대로 공공윤리를 뛰어넘을 만한 기준은 없다. 이미 공공성 기반의 엄격한 사회문화 학습을 지속해 온 왕과 관리들은 사회 질서를 유지할 최소 기준으로 공공성을 적용했다. 왕이 공공성을 그르치면 언관들이 따지고, 관리들이 어기면 처벌했다. 공공성을 전제로 할 경우 왕과 관리들은 권력상의 지배복종관계가 아닌 대등한 '공공 수호자'였다.

이렇게 보면 조선시대의 공공성은 느닷없이 생겨난 우연한 개념이 아니고 유학에 뿌리를 둔 학습의 결과이며, 관리들을 중심으로 펼쳐지는 실천적 행동 원리라는 것을 알 수 있다. 특히 공공관계 활동은 왕과 관리 사이 지식국가의 기틀로 작용했고, 사회 전반에 확산되어 오늘날까지 이어져 오고 있다.

양반들도 이러한 환경에 충실히 따랐다. 양반들은 농업 생산자라기보다는 일종의 '농업 경영자'였다. 양반들은 인력 집약적인 농업 생산 활동에 투입되는 인적 자본을 소중하게 여기는 농경사회적 속성을 따르지 않을 수 없었다.

조선의 양반들은 생산직에 종사하는 상민들을 착취할지언정 가족들도 모두 함께 돌봐주며 최소한의 공공질서 유지에 필요한 인륜을 귀하게 여겼다. 이로써 양반의 사회적 공공책임성 인식은 최소한의 행동 준칙으로 자리 잡게 되었다. 유학지식에 바탕을 둔 그들은 공공권력을 겸손하게 사용해야 했으며, 정도를 벗어나지 않는 지식인의 의무를 소중히 했다.

지식국가 조선의 꽃이라고 할 수 있는 유생들은 일찍부터 공공성을 학습했다. 그들은 독특한 조선의 공공성을 바탕으로 공동체 생활을 했다. 성균관에서 올바른 것이 최고의 가치라고 배우고 수준 높은 윤리 교육을 받았다. 그들은 공공울타리 안에서 집단 행동을 실천했고 지식집단들끼리의 교류 기회가 많았다. 젊은 혈기를 발산한 그들은 이른바 '문화자본'이 풍부한 집단이자 미래 권력이었기 때문에 국가 공공성 인식이 강했다.

국가 인력정책상 특별예우를 해 줬다고 단정하기는 어렵지만 엘리트 코스를 거치는 것만은 확실했다. 왜 유생들이 성균관 학생들과 함께 사간원이 간언을 올리는 데 협조했을까? 유학의 공공성에 어긋나는 것으로부터 사회를 지키며 인간으로서의 체면을 유지하게 하는 공공의지가 남달리 강했기 때문이다. 유학이 몸에 배어 있는 동질집단끼리 사회적 신분 유지에 도움이 되도록 협동하려는 동기가 유발되었을 것이다.

무엇보다 조선시대 선비들의 공공성 의식은 특히 눈여겨봐야 한다. 선비들은 육예禮樂射御書數와 더불어 생활 예술 정신인 유어예遊於藝를 바탕으로 감성적 판단도 함께 중시했다. 오늘날 전문 분야에 국한된 테크노크랏(technocrat) 지식인에 비하면 폭넓은 일반 교양인으로서의 지식인이었다. 지식과 교양을 함께 갖춘 인문학자이며 학문과 예술을 겸비하고 이성과 감성의 조화를 갖춘 종합지식인이었다. 선비들은 지식을 품고만 있지 않고 행동으로 옮겼다. 자신이 배운 것을 사회에 실천해 이상적인 사회를 만드는 데 기여하려는 실천적인 지식인이라는 점이 중요하다.

선비들은 향교나 서원을 통해서, 또는 서당을 열어서 어린이들의 교양학습을 위해 힘쓰고 자녀 교육의 중요성과 인력 양성을 끊임없이 추진하는 데 기여했다. 주류에서 배제되어 유배된 채 살아가는 선비들은 지역문화의 특화에 기여했다. 그들은 문화예술을 한 단계 높이는 저술과 교육에 열과

성을 다했으며 그 지역의 문화를 가꾸고 특산물을 연구했다. 결국 지역문화자원을 발굴하고 스토리를 만들어 내 지역문화를 풍성하게 하는 역할을 했다.

또한 제자들을 양성해 지역문화리더로 배출하고 학문적 연대감을 형성하면서 학문 자체의 발전을 도왔다. 주로 향토 문화자원을 소재로 하는 시문詩文을 작성하고 서간문 형식으로나마 중요 학술적 이슈에 대한 논의를 이어가면서 날카롭게 학문적으로 성장했다. 아울러 지역 인물에 대한 문집, 비문碑文, 서간 문집을 저술해 지역문화자원 콘텐츠의 보전이라는 성과를 거두었다.

한편 생산직에 종사했던 상민들의 복종의 근거는 유교적 상명하복이었다. 그렇기 때문에 지배계층의 눈으로 보면 상명하복은 당시 사회의 질서 유지에 필요한 공공윤리였다. 하지만 사회문제에 대해 공동으로 논의하고 시동을 걸었던 것은 어느정도 사실이다. 따라서 '집단의 힘' 결집으로 사회에너지를 만들어 내는 데 기여한 것으로 봐야 한다.

조선 선비의 원형

조선시대의 선비는 사회문화적 기여가 뚜렷하고 인간관계나 활동 측면에서 두드러진다(『중앙선데이』 2014.2.23). 조선시대에 특유한 집단이던 '선비'는 어디서부터 시작된 것일까.

신채호는 『조선상고사』에서 "옛날 소도 제단의 무사를 선비라 불렀고, 고구려에서는 검은 옷을 입어 조의선인皂衣先人이라 했고, 신라에서는 화랑이라 했듯이 선비는 정예 무사집단"이라고 주장한다. 한편 선仙의 무리로서 선배 제도는 고구려 태조 때 창설돼 고구려 강성의 기반이 됐다. 신라의 화랑은 진흥왕이 고구려의 이 같은 선배제도를 모방한 것이라 주장한다. 그런데 조선에 들어와서 '선배'라는 이름을 유교에 빼앗기고 무풍武風을 천시한 결과 무사적 자취가 전멸했다는 것이다(신채호, 2006). 그러나 정옥자 교수는 "고조선의 단군도 선비라는 주장이 있지만 근거 자료가 없다."라고 말한다.

선비라는 순수한 우리말이 언제부터 쓰였는지 정확히 알기 어렵다. 훈민정음이 창제된 이후에는 사士와 유儒의 글자 풀이를 '선헒'이나 '선'으로 표기했다. 선비라는 말은 그때 처음 나왔지만, 그 이전에 이미 쓰고 있었을 것이다. 결국 선비는 대체로 조선시대에 자리 잡은 '유학적 인간형'이라는 개념이 우리에게 더 익숙하다.

　조선시대의 공공성은 이렇게 사회문화로 자리 잡았다. 유학은 사익보다 공공의 이익을 우선시하므로 선비들은 공공윤리의식을 높게 여기며 활동했다. 또한 유학지식인들은 공공가치를 확산시키면서 공동체 연대의식을 형성했다. 이는 지역사회 리더들이 공동체 책임감을 갖고 선비의식을 지녔던 것과도 연결된다. 공공기관의 관리가 된 선비는 앞장서서 공공성을 강조했다. 양반지주들도 공동체 리더십의 근간인 공공 네트워크 개념을 중시했으며 농업 경제 활동의 네트워크로 작용했던 집성촌의 씨족집단과 그들의 질서를 유지하는 기본 이념인 종중宗中 활동도 같은 맥락이다.

　조선에서는 공공성을 실생활에 적용해 두레나 울력 같은 상호 협력 철학과 실천 방안을 개발했다. 나아가 농업 생산 활동을 전개하는 데 있어서 협력 사례나 경험치를 준거로 활용해 질서를 잡았다.

공공성 인식의 사회문화적 확산

조선시대에 공공성이 실제 사회 현장에까지 영향을 미쳤을까? 지식공동체에서는 확실히 개인보다 사회문화적 공공성 명분을 더 중시했다. 그래서 민중들과 소통하며 민중들이 품고 있던 원망이나 어려움을 공공성 가치를 기준으로 완화시키거나 풀어주었을 것이다.

앞서 말했듯이 『조선왕조실록』에 공공성의 종류를 여러 가지로 언급하면서 일상화에 기여했고, 다양한 교육학습으로 인해 공공성을 존중하는 사회문화 생태계 기반이 구축되었다. 어떻게 공공성이 사회문화의 힘으로 자리매김하게 되었을까?

첫째, 공공성 개념은 공공활동 주체들의 '역할 책임'을 확보하는 근거 논리였다. 공공성은 공과 사를 조정하는 역할을 했다. 선비들은 공공성 개념을 민본정신으로 연결시켜 논의했는데, 이때 백성 개개인보다는 하나의 묶음을 주체로 봤다(정순우, 2016). 이런 점에서 사람들이 많이 사용하는 '공도公道', '공공의 이理'라는 말은 서로 분열하지 않고 쌍방의 입장을 조정해 화평한 상태를 추구하는 관계 행동을 말한다(정순우 외, 2016).

이 공공성 인식은 조선시대의 왕이나 고위관리들이 권력을 악용하지 않고 선용하는 자의식적인 논리로 작용했다. 당시 사회 발달 측면에서 보면 이는 독특한 진보적 가치 인식이다. 책임성 확보와 더불어 공공성 인식이 확산된 덕분에 민본주의가 일찍부터 싹틀 수 있었다. 유학의 가치를 고려해서 사회의 지도 이념이자 문화논리로 작용해 타당성 있게 확산되었던 것이다.

이러한 철학이 사회 저변에 확산되자 관리들은 불법 행동을 스스로 통제하는 자정력을 가지게 되었고, 각자의 역할 책임을 다하도록 하는 제도 개발에 쉽게 공감할 수 있었다. 그 책임에 대해서도 단지 법적, 형식적인 책임을 규정하고 준수 여부를 판단하는 수준에 그친 것이 아니다. 법적으로 지는 포괄적 책임뿐만 아니라 도덕적 책임, 민의에 충실함 등을 포함했다. 사회문화적 관점에서는 도덕적 책임과 백성들에게 꼭 필요한 것들에 대한 자율적 인식 책임이 더 소중하다.

이것들은 반드시 기준이 사전에 정해져 있고 공개되어야 책임성 향상을 이룬다. 이런 점에서 조선시대의 유교적 교리와 공공책임 문제는 가치가 다원화된 현대사회 못지않게 높았다고 볼 수 있다. 조선시대 책임확보정책, 법제도는 이러한 점에서 우수하다. 조선시대의 권력 주체들의 역할 인식을 오늘날 공공인식을 중요하게 여기는 한국사회의 사회문화 유전자로 보아야 할 것이다. 이 책임의 기준은 공공성, 국민의 기대에 부응하는 정도, 정책이 추구하려는 목표, 관계 법제도의 준수 등이라고 볼 수 있다.

둘째, 공공성은 사회문화적으로 구성원들끼리의 신뢰가 중요하다는 인식에 영향을 미쳤다. 사회의 안정과 발전을 저해하는 사회적 부조리나 불의가 생겨나면 공공성 논리에 따라 냉철히 비판하고 과감히 저항했다. 더구나 공공이 결정한 행동이나 발표는 예나 지금이나 가장 '모범적인 보증'으로 생각되므로 그에 대한 실망감이 들면 저항했다.

『논어』에서는 대부大夫의 신분으로서 그의 조정에서 대부의 춤(4일무)이 아닌 천자天子의 춤(8일무)을 추게 한 계씨季氏의 월권에 대해서 "이런 짓을 감히 한다면 무엇인들 못하랴."라고 분개한 사례가 있다(『논어』 팔유). 계씨에게 벼슬자리를 받고 그의 가렴과 축재를 도와준 염구冉求를 비난해 "구求는 우리와 같은 생각을 갖는 사람이 아니니 북을 울려 성토하라."(『논어』,

왕의 소통

선진)라고 해 그를 매도했다. 맹자도 패도정치를 일삼는 군주들의 죄상을 단죄했다. 공공성은 이처럼 널리 사랑을 베풀고 민중을 구제하는 박시제중博施濟衆의 인도적 사상을 표현하는 데 그 의의가 크다.

공공성에 충실한 인간들은 기본적으로 성실한 사회를 지향하므로 공공성이 확장되는 과정에서 신뢰가 함께 생겨난다. 인을 충신忠信으로 이해할 때 그것은 곧 성실성과 신뢰를 의미한다. 공자는 자공과 나눈 정치문답에서 "정치란 백성들이 굶지 않고 나라가 튼튼하며 서로 믿고 살게 하는 순서로 중요하다"고 말한다.

그 가운데서도 "다른 두 가지를 버릴 수는 있겠지만 믿음만은 버릴 수 없다."라고 강조한다. 믿음이 결여되면 사회공동체 구성원들은 미래를 기약할 수 없다. 성실과 신의가 있는 사회여야 협동, 봉사, 공동 이익을 나눌 수 있기 때문이다. 신뢰가 자리 잡은 사회에서만 의인들이 사회 부조리와 불의를 비판하고 공공을 위해 인의仁義를 실천할 수 있다.

공론을 중요하게 여긴 이유는 공론이 공공성을 규정하는 과정이기 때문이다. 율곡은 공론의 개념과 중요성, 언관과의 소통을 다음과 같이 논의하고 있다.

공론이라 함은 백성이 모두 그렇다고 생각함을 말하는 것이다. 그것은 구설이나 조작으로 꾀할 수 있는 것이 아니다. 온 나라 안의 사람이 옳다고 규정하는 것을 뜻하니, 이러한 공론의 소재가 국시 곧 국가 이념이라는 것이다.

-『율곡전서』 권7

이러한 공론은 국민들에게서 나오는 것이다. 그것을 막지 않으면 여론을 따르는 것이며 국시를 정하는 것이다.

-『율곡전서』권4

공론은 국가의 원기이다. 공론이 조정에 서 있으면 나라가 다스려지고 공론이 서 있지 않으면 어지러워진다. 만약 상하 모두에 공론이 없으면 나라는 망하고 만다.

-『율곡전서』권7

그리고 율곡은 이렇게 결론을 내린다. "그렇기 때문에 언로가 열리고 좁아지고 하는 것에 국가의 흥망이 달려 있다."(『율곡전서』권3).

율곡의 이 명쾌한 논의들은 결국 언로를 열어 다양한 여론을 듣고 존중하며 그에 따라서 통치하면 나라가 흥한다는 것을 의미한다. 많은 사람들이 원하는 방향으로 국사를 다루면 사회가 추구하는 공동선을 이루어 낼 수 있다는 것이다. 조선시대에 공직을 경험했고 사회 지도자였던 율곡의 이러한 견해는 당시 사회의 보편적인 생각이라고 볼 수 있다.

이렇게 공공성을 소중하게 여긴 덕분에 조선은 결속력과 위기 관리 역량을 발휘해 왕조를 유지할 수 있었다. 공공목적을 공동 인식하는 집단에서 공공성을 지켜내는 힘이 생기고 집단 논리로 조직화해 활동으로 옮길 수 있었다. 간섭, 제재, 징벌을 포함해 폭넓게 공공성 실천 활동을 펼쳤다.

공공성은 사회가 위기로 떨어질 때 더 뚜렷해진다. 흔히 역사학자들이 조선은 임진왜란과 병자호란, 양란 때문에 무너졌다고 주장한다. 하지만 이에 대해 다른 견해도 있다. "전쟁을 거치면서 피폐해진 정치와 국토를 재정

비하는 과정에서 오히려 새로운 에너지를 재충전했다. 그 결과 조선 후기 사회야말로 건국 초기의 청사진인 성리학적 이상사회에 접근하려는 강한 지향성을 보였다"는 것이다(정옥자, 2012). 흔히 우리는 위기에 더 강한 민족이라고 말하는데, 여기에서 그 사례를 찾을 수 있다.

조선시대 유학 기반과 서양 기독교 기반의 공공개념이 같지는 않을 것이다. 조선시대 공공개념은 국가가 '공공문화의 문화동질성'을 의도적으로 확산시킨 측면이 크다. 그 결과 공직자는 사익보다 공익을 우선시하고 선비는 모범적 공공윤리의식으로 무장했으며 일반 백성들도 공공질서가 생활의식이었다. 점차 사회문화적 공공의식으로 진화되어 간 것이다. 사회에 확산되고 세월이 흐르면서 변질을 막을 수 없었겠지만, 오늘날 현대 서구 자본주의 사회 분위기 속에 공공성 윤리가 매몰된 점이 안타까울 뿐이다.

공공성은 이런 맥락에서 농경사회에서 사회문화자본이 되고, 공평무사한 전문 인력을 존중하고, 더불어 잘 사는 사회로 나아가는 지표가 된다. 아울러 공공성은 사회단체 활동에서 매개가치로 수평적인 연계를 갖추며 사회에 스며든다. 그 공공성 가치와 인식이 오늘날까지 이어 내려오면서 창의적인 국가로 발전할 수 있었다.

2. 공정한 선발

관리들은 '공공성 대행자'이므로 왕은 그들이 공정하게 일할 여건을 만들어 주어야 한다. 이를 위해서 왕은 조직과 법제도를 만들어 추진하고 공정 관리 책임을 갖는다.

과거제

과거제는 역량을 갖추고 공공성 가치관이 형성된 인재를 선발해 공공행정을 맡기는 인재선발제도로 시행되었다. 제도의 설치 배경, 목적, 기능은 조선의 역사와 더불어 일관되게 왕권의 확립, 유능한 관리의 선발과 활용을 위한 제도로 발전해 왔다. 관직 수가 많지 않고 사회적 유동성도 활발하지 못했던 시대에 유능한 소수의 인력이 사회 전반에 크게 영향을 미치는 것이 당연했다. 그런 점에서 유능한 인력을 선발하고 활용하는 제도를 일찍이 갖췄던 것은 공정사회로 가는 바람직한 길이었다고 본다.

조선의 과거제는 공직이나 공공조직처럼 체계적으로 관리하면서 전문 직종별로 다양하게 선발했다. 선발하는 방법은 식년시와 특별시로 나누어 필요할 때 융통성 있게 시행했다. 그리고 선발 대상에 따라서 문과, 무과, 잡과로 나눠 전문성을 평가하며 채용했다. 문관 채용을 위한 문과는 다시 대과와 소과로 세분화했고, 소과는 경서經書로 시험을 보는 생원과 문장을 시험하는 진사과로 특화해 채용했다.

이처럼 조선은 과거시험의 종류를 활용 목적과 평가 기준에 맞게 매우 전 문적이고 다양하게 제도화했다. 응시 대상도 차별화해 대과는 생원, 진사, 성균관 유생, 하급관리가 응시할 수 있게 했다. 시험 과목은 주로 경서, 사 장詞章이 중심이었는데, 최종 합격 판정은 암기력보다는 창작 역량을 더 중 요시해 결정했다.

그 밖에도 무관 선발을 위한 무과에는 무예, 경서, 병서 등을 시험했다. 기술관 채용을 위한 잡과는 의과, 역과, 음양과, 율과 등 4개의 과로 나누어 해당 전문가를 채용했다. 선발된 이들은 각기 관할 관청에서 관리했고 전 문성의 심화를 위해 추가로 교육시켰다. 선발 과정과 절차를 신중하게 제 도화해 국가 인력정책의 하나로 추진한 것이다.

과거시험을 거쳐 선발된 관리는 채용 취지에 맞춰 중앙부서에 배치하고 왕을 도와 일하게 했다. 왕과 유능한 관리가 정책 소통을 하고 자연스럽게 거리감을 좁히도록 배려했다.

특히 문인을 중시하고 왕이 그들과 함께 논의하도록 한 것은 관리들이 유 학의 사상과 사회가치를 마음속에 새기도록 하려는 것이다. 문인을 양성해 활용하면서 무인을 누르려는 것으로 보는 견해도 있지만, 교육 특성상 무인보다 문인이 창의력을 더 많이 발휘할 수 있었기에 당연하게 간주되었다.

다양한 방법으로 수시 채용한 것은 장기 근무와 권력 장악을 막으려는 의도도 있었지만 새로운 인재를 갈망하는 지식국가의 인력 수요 때문일 것이다. 특히 잡과는 중인의 자제가 세습적으로 배우고 시험에 응시해 채용되면 기술전문가로 성장할 수 있었다. 신진 선비들이 과거제를 거쳐 관계 진출을 할 수 있었다는 점은 인재들의 사회적 이동성을 유지해 준 제도로서의 의의가 크다.

과거제는 유능한 개인들이 출세하는 사회적 신분 이동 사다리였다. 조선시대가 장수할 수 있었던 이유는 유능한 관리를 세습이 아닌 경쟁으로 선발하고 일정 수준 하층사회에서 충원하면서 탄력 있게 움직였기 때문이다. 매우 미래지향적이며 진취적인 인력정책제도로 운영되었다는 점을 높게 평가한다. 과거제를 거친 우수한 인재들은 기성세력의 부패에 대해 민감하게 저항했다. 그만큼 능력을 갖춘 청렴한 인재로 사회에 도움이 되는 이들이 많이 등장했다는 뜻이다.

다만 인력 관리시스템을 운영하는 데 있어서 인사권의 핵심 요직인 이조전랑吏曹銓郎 자리가 공공성을 훼손한 점이 안타깝다. 더구나 이 자리가 선용되지 못하고 당쟁의 시초가 되었다는 논의도 있어 참으로 아쉽다.

언관의 선발과 임용

조선의 언관에 대해서는 따로 논의하겠지만 여기에서는 선발 조건과 기준이 공공역할과 얼마나 관련이 있는지만 짚어 보겠다. 언관은 왕의 권력에 굴복하지 않고 원만하게 소통하면서 본래의 사명을 다하도록 선발과 신분 보장을 철저히 했다. 특히 언관은 대부분 성균관에서 학습하고 장원급제할 정도로 자질이 뛰어나며 20~30대의 혈기왕성한 젊은이들로 선발되었다. 업무 성격상 높은 정치적 식견을 갖고 부정과 타협하지 않고 강개慷慨한 언론을 행사할 수 있는 인물이었다. 모든 점에서 흠결이 없어야 하므로 특히 뇌물을 받은 장리臟吏의 자손, 재가녀의 소생은 제외되었다. 아울러 부적절한 임용을 피하는 상피 규정을 적용하는 데 있어서는 일반적인 다른 관직에 비해 훨씬 광범위하게 제약을 두었다(이홍열, 1960).

그러나 일단 채용된 뒤에는 공가, 휴가, 근무태도를 평가하는 고공법考功法을 적용해 언관의 활동을 속박하지 않고 자유롭게 보장했다. 대우를 특별히 해 공무상의 과실이 있을 때도 좌천은 되지만 지방으로 전출되지는 않았다. 행동이 옳고 그른지 판단하는 포폄을 적용할 때에도 예외를 두었고 다른 관원들은 언관에 대해 엄격하게 예의를 갖추도록 규정되어 있었다. 존재나 활동이 매우 존엄하므로 그에 걸맞게 존중해 주었고 그 특수 신분을 보장해 주면서 소신껏 역할 책임을 다할 수 있게 제도화했다. 권위와 업무상 실질적 권한을 내실 있게 지켜주면서 소신껏 책임과 공공성을 지키도록 한 것이다.

임명 절차: 서경, 고과

관리를 임용할 때 대상자가 적격자인지를 판단하는 서경署經과 근무를 제대로 했는지를 평정하는 고과考課를 만들어 엄격히 적용했다. 서경은 대상자를 투명하게 심사하고 그 일에 적임자인지를 객관적으로 검증하고 임용상의 공공성을 높이는 제도이다. 서경은 이조 또는 병조로부터 관리로 추천된 사람을 대상으로 한다. 주로 그의 신분이 직책에 알맞은지 심사하고 임명할지 판정한다. 관리를 임용할 때 해당자의 인사관계 자료(이력서)를 가지고 있는 대관은 인사조치 때마다 동의를 하게 되어 있었다. 그리고 만일 적합하지 않은 인사조치가 있을 경우 이를 시정하도록 조치했다.

당하관을 임명하려면 이조에서는 해당 관원의 내, 외, 처 삼족의 사부(부, 조, 증조, 외조)를 인사기록카드에 기록하게 했다. 그 후 자료를 사헌부와 사간원으로 보내 가족, 친인척 비리를 철저히 검증해 옳고 그름을 판정하게 한 뒤, 하자가 없어야 승인했다.

서경은 절차적 형평성을 보장하기 위해 여러 단계와 방법을 마련해 적용했다. 만일 1차에서 통과되지 못하면 다시 하고, 그래도 안되면 삼서三署를 한다. 다만 삼서에서도 결론이 나지 않으면 그 자리에서 해임되었다. 서경에는 종류가 많은데 관리임명장에 언관들이 서명해 동의하는 고신서경告身署經, 법령 제정에 동의하는 의첩서경依牒署經, 선물 받은 물건을 조사하는 증유서경贈遺署經이 있다. 서경은 국왕의 관리 임명권에 대해 해당 부처의 전문적이고 엄격한 심사를 거치면서 대상자의 적격 여부를 협의함으로써 왕을 대신해서 간접소통을 펼친다는 점에 의의가 있다.

조선시대에는 공직이 많지 않아 한 명의 실수로 국정이 위태로워질 수 있기 때문에 인사 관리에 매우 신중했다. 오늘날까지도 인사행정의 근간으로 쓰였던 서경은 공공원리에 바탕을 두고 공정한 자격 여부를 신중하게 검토해 적격자를 임명하는 시대에 앞선 제도였다.

만약 서반이나 잡직의 동반직 제수除授, 상피 등이 인사 규칙에 저촉된 전과자나 무능력자로 임명될 때 '인사에 대한 언간 활동'을 행사하는 등 매우 엄격하게 적용해 시정하도록 했다. 그 밖에도 조계, 상참, 윤대 등에 참여하는 참정기관의 기능을 했다. 또한 법령의 집행, 중죄인 심문인 국문鞠問, 결송決訟 등을 담당하는 사법기능을 맡으면서 공직사회의 질서를 바로잡았다. 즉 적법 절차를 거쳐 왕과는 간접소통하면서 공공에 알맞은 인재를 활용하는 제도였다.

인사 대상자를 선정할 때 예비후보자 3인을 먼저 정하는 비삼망備三望도 책임 있게 인사 소통을 할 수 있는 제도로 활용되었다. 병사兵使와 수사水使를 임명할 때에도 이 제도를 사용했다. 이는 판서 이하의 관리들이 합동해 성적표인 도력장都歷狀을 통해 관원의 이력, 근태, 고과, 재능 등을 심의한 후 관직에 적격한 후보자 3인을 선발하는 방식이다. 만일 추천할 만한 후보자가 없을 경우는 이망 또는 단망單望으로 하고 경우에 따라서는 3인 이상의 장망長望을 한다. 국왕은 그중 최적임자 1인을 선정하는데, 오늘날 공직 임용후보자를 선발할 때 최종 3배수를 선정한 뒤 택일하는 제도와 같다.

과거시험과 서경은 훌륭한 인재를 선발해 임명하는 쌍두마차로 활용되었다. 과거시험이 인력정책을 미래지향적이고 긍정적 방향으로 운영하는 데 기여했다면, 서경은 부정적 위험을 사전에 막는 공공성 확보 장치로서 인력 관리의 핵심제도였다.

한편 임용한 관리에 대한 성과는 어떻게 관리했을까? 공과 및 근무 성적을 평가하는 제도로서 고과가 있다. 우수한 인재의 역할과 성과를 평가해 신상필벌을 실현하고 승진 또는 전보 조치를 한다. 또한 민원 해결 역량을 높이도록 격려해 건강한 사회문화력을 높이는 데도 기여했다.

고과는 조선 건국 초기부터 법으로 마련해 시행하면서 여러 번 개혁을 거듭하다가 『경국대전』에서 고과와 포폄으로 나뉘었다. 여기서 고과는 일반 근무 동향을 기록한 것이고, 포폄이란 근무성적을 정기적으로 평가해 승급,

승임, 면직시키는 것을 말한다. 이 제도를 보면 조선시대의 관리들에 대해 공공성 관점에서의 징계, 예방, 배려 조치에 중점을 두었음을 알 수 있다.

지방근무자는 어떻게 평가?

지방근무자에 대해서는 수령의 업적을 기준으로 해 책임 수행 실적, 직무 능률, 담당 역할의 잠재적 유용성을 평가했다. 그 결과는 선善, 최最, 악惡, 전殿의 4등급으로 채점했다. 근무 평가 요소는 7개의 항목인데, 지방관이 맡는 임무로는 『경국대전』 이전 고과에 정한 농업, 교육, 군정, 부역賦役, 소송, 사회기풍에 관한 것이 있다.

소관 관찰사가 매년 2회(6월 15일, 12월 15일)비교 평가했고, 이것을 왕에게 보고해 왕과 간접소통을 하는 방식이었다. 평가 결과로 얻은 성적을 인사정책에 반영했다. 10회 평가해 모두 상上이면 1품 승진하고, 2회 중中이면 무록관無祿官에 전보시키고, 3회 중이면 파면된다. 5회, 3회, 2회 평가받은 이가 모두 1회 중을 받으면 영전시키지 않고, 2회 연속으로 중을 받으면 파면된다.

이렇듯 관리를 평가하는 절차는 지방의 고위공직자가 공공성을 지키며 업무직책상의 역할을 다하도록 상당히 신중했다. 이를 위해서 관리의 신분대장인 정안政案과 고과, 포폄 및 성적 우열의 판정표인 전최殿最 등을 준용했다. 여기서 정안이란 현직관리는 물론 전직관리까지 이름, 이력, 공과 등을 기재해 이조 및 병조에 두고 관직 임용 시 당사자 전형의 증거자료로 삼았던 것이다(『경국대전』 이조 정안). 3년마다 중앙, 지방 관원의 출신과 경력을 자세히 기록해 데이터베이스로 보관, 활용했다.

이처럼 고과와 포폄 등으로 지방관 인사 소통의 기준을 삼은 것은 의미가 크다. 백성에 대한 관의 태도가 매우 신중했고 공공성 지표를 엄격히 적용하며 위민행정에 고심했다고 풀이할 수 있다. 칠사에 의한 표준이 모든 지방관에게 적용되었지만, 평정자를 관찰사 1인으로 한정하다 보니 고과 운용상 편견이 작용했을 수도 있다. 원래는 평가 요소를 평가제의 용도와 피평가자의 직급에 따라 다르게 선택해야 하고, 평가 요소의 수도 직급이나 이용 목적에 따라 달리하는 것이 옳다.

3. 엄격한 절차

조선시대에서는 관리를 임명할 때 공공성을 해칠 우려가 있는 것을 사전에 방지하기 위해 친족 간 동일관사를 막는 상피제相避制, 일정 기간만 근무하게 하는 임기제한제, 직을 마칠 때 적정하게 완료했는지를 판단하는 해유제解由制를 적용했다.

상피제

관리를 임명할 때 권력자가 잘 아는 사람을 좋은 자리에 앉히고 자기 마음대로 조종하는 것은 공공성을 해칠 위험이 크다. 그러므로 중앙이나 지방관리 중에서 친인척 관계가 있거나, 직무수행상 분리시킬 필요가 있는 경우에는 동일관직에서 근무하는 것을 막았다.

거리를 둬야 할 친인척들은?

상피제는 친족, 외족, 처족 등의 사촌 이내 혈연적 친족 간의 관계에 적용하는 것으로 규정하고 있다. 또한 경관직이나 지방관직 관원은 친가의 종형제, 종매시 같은 대공大功 이상 친척(굵은 베로 지은 대공상복을 입는 6촌 이내의 친족) 및 사위, 손녀사위, 자매姉妹의 부夫와 외척시마外戚緦麻 이상의 친척 및 처의 친부, 조부, 형제는 모두 상피한다(『경국대전』 이조 상피).

『경국대전』에 열거된 상피 대상은 많은 관직자 직군에 해당된다. 먼저 인사 업무 담당인 의정부, 이조, 병조, 승정원에 근무하는 이에게 적용된다. 그리고 탄핵 규찰, 간쟁, 소송에 관련된 의금부, 한성부, 형조, 장예원掌隸院도 여기에 해당된다. 또한 병무 관련자인 병조, 겸사복장兼司僕將, 도총부당상관都總府堂上官, 오위장五衛將, 내금위장內禁衛將도 상피 대상이다.

당시 조선사회는 다원화되지 않아서 씨족, 문벌의식이 공적인 결정에 우선 작동할 위험이 있기 때문에 상피제를 엄격히 적용해야 했다. 과거시험 합격은 가문의 경사였고 그 기대 때문에 혈연, 친족을 중요 관직에 정실채용하기 쉬웠기 때문이다. 따라서 이것의 견제를 위한 상피제의 엄격한 적용은 조선시대에 자랑할 만한 독특한 공공인사 방법이다.

특히 혈연이 밀집된 지방에서 일하는 지방관의 경우에는 상피제가 더욱 엄격히 적용되었다. 지방 호족세력이나 문벌의 세력화는 국가에 대립되는 세력이자 국가흥망과 왕권에 위협적인 존재로 견제해야 했기 때문이다.

좀 더 세부적으로 같은 도내에서 감사와 수령관이 겹칠 경우는 수령이 타도로 환차還差되었다. 이것 역시 정실, 청탁을 배제해 감사가 감독권을 자유롭게 행사하게 하려는 의도이다. 이런 점에서 감사는 친인척 거주자를 피하고 수령도 본향本鄕을 피해서 임명했다.

상피제는 이처럼 공정성과 폭넓은 소통을 위해서 적용되었다. 1차적으로는 인사, 탄핵, 규찰, 소송, 병권 등에 관계되는 관리들이 씨족이나 엽관에 관련해 정실에 치우치는 것을 막고 관리들의 부정을 막아 공공성을 확보하려는 데 목적이 있었다. 또한 권력 횡포를 막고 공정하게 업무를 수행할 여건을 만들어 주는 것에도 의의가 있다.

더불어 외관外官이 임지任地에서 친족이나 친척, 동향 출신 등과 결탁해 지방 호족세력이 되는 것, 반란을 일으키거나 정실에 빠져 행정의 공정성을 잃는 것, 조세와 같은 국가 수입을 횡령 착복하거나 폐해를 끼치는 것을 막기 위해 상피제를 활용했다.

그러나 그 범위가 4촌은 물론 그 이상을 넘어 친족에까지 확대되면서 현명하고 실력 있는 사람이 관직에 진출하는 데 어려움이 생기기도 했다. 이런 어려움은 조선 후기까지 지속되었고, 지나치게 엄격한 상피제의 한계로 남아 있다.

임기제한제

조선의 관직에는 일정한 임기가 정해져 있어 소정의 임기가 끝나면 전근이나 승진이 된다. 임기제한제는 중앙관리의 경우 임만任滿 또는 개만箇滿, 지방관의 경우는 과만瓜滿 또는 과기瓜期, 과한瓜限이라고 칭했다.

이러한 임기제한제는 중앙보다 지방에서 더욱 엄격하게 지켜졌다. 본래 제도의 취지로 보아 지방에서 실시되는 데 더 큰 의의가 있었기 때문이다. 이 제도의 취지는 한 관직에 일정 기간 근무하면서 그 사안에 대해 숙련 또는 전문화시키는 데 있다. 또한 특정 관직에 장기간 근무하면서 지방관리가 영주나 토호土豪같이 처신하거나 주민을 착취하는 가렴주구苛斂誅求를 막으려는 목적을 가지고 있다.

임기제한제의 내용은 법에 엄격히 기준을 정해 두었다. 중앙관리의 임기에 관해 경관직의 경우 6품 이상은 900일, 7품 이하는 450일로 만료된다. 녹봉을 받지 못하는 무록관은 360일이 만료되면 서임敍任한다(『경국대전』 이전 경관직).

지방관리 임기는 얼마나?

지방 근무자 가운데 외관직은 도관찰사와 보좌관인 도사都事가 있다. 관찰사는 각 도의 수장이며 감사, 도신, 도백, 방백 등으로도 불린다. 경기도 관찰사는 360일, 기타 지역 관찰사는 720일이 만기이다. 도사는 지방관리의 감찰 및 불법을 규찰하고 과시科試를 담당한 종5품관으로 360일이 만기이다.

수령은 부윤府尹, 목사牧使, 군수, 현령, 현감으로도 불리는데, 1,800일(약 5년) 동안 근무한다. 그러나 국경 지역의 수령의 근무 기간은 900일(약 2년 반)이다. 절도사는 각 도의 육군을 통제하는 병마절도사로서 720일 근무한다. 모두 동일 관청에서 정해진 기간 근무하다가 그 임기가 끝나면 원칙적으로 다른 곳으로 전임하도록 되어 있다(『대전회통』 권1).

한편 합리적인 예외 대상을 만들어 두기도 했다. 특별한 경험이나 기술이 중요하게 쓰이는 직책에는 임기에 구애받지 않는 구임久任을 적용했다. 여기에 해당되는 직책은 대개 각 관아의 서무, 회계직급의 직위인 직장, 판관, 주부主簿 등이다. 지속적으로 소통하면서 전문화해 업무 집행의 일관성과 연속성을 유지하고 전문성을 확보하려는 민본주의적 배려였다.

또한 지리적 소통이 어렵거나 인간적 사정 때문에 배려해야 할 대상자에게는 많은 예외 규정을 두었다(『대전회통』권1 이전 외관직). 예를 들면 65세 이상의 관리는 지방관에 임명하지 않았고, 국경 지방의 수령이 되어 특별 승진한 자가 10개월 내에 다시 후방의 근무지로 스스로 전출하면 한 계급 강등시켰다. 또한 해안 지대의 수령은 문관, 무관을 번갈아 임명했다. 전직이 도의 관찰사 또는 병마절도사였던 자는 그 도의 수령에 임명하지 않았고 지방고시를 담당하는 시관試官에 해당 도 출신은 임명하지 않았다. 피폐하고 빈곤한 지역에 부임하는 것을 기피하거나 타 지역으로 전임운동을 한 자는 그 지방에 3년간 고정배치시켰다.

임기 규정은 현대적 관점에서 보아도 준수한 제도였다. 그런데 일부는 실제 시행상 예외가 많고 차차 법이 해이해지면서 제대로 지켜지지 않았다. 근로 일수도 실제의 시무 일수가 아닌 임관 후의 일수를 계산하는 경우가 많았다. 근무 기간을 사전에 정해 두어 재직 중 꼭 해야 할 일을 마무리하지 못하거나 주민들과 소통에도 실질적인 도움이 되지 못했다. 또한 기술직의 전문화를 통한 행정 능률 향상을 위한 구임도 각 관아의 일부 하급관직에게만 시행하는 정도에 그치는 등 좋은 취지가 희석된 경우도 있었다.

해유제

해유라는 것은 지방관리가 임기를 끝내고 전직할 때 재직 중에 관리하던 물품, 회계, 재정에 대한 회계감사인 심계審計를 받아 책임 완수 여부를 확인하는 절차이다. 관리가 전임할 때 관장하고 있던 물품에 흠결이 없는 자에게는 책임 해제의 증서를 발급해 재직 중의 공공책임성을 확인하고 명확

왕의 소통

하게 끝맺음하는 최종 절차인 셈이다.

이 같은 책임 해제 증명은 사고私庫의 잡물, 성보城堡, 공해公廨, 향교의 옥사屋舍, 서책, 발기發器, 포진布陳 등의 물건을 샅샅이 조사한 뒤에 내린다. 그 절차는 수령이 이동하고 나면 담당자를 파견해 신임관과 함께 공동 입회眼同하에 현물과 장부를 대조해 보고하는 방식으로 진행되었다(강병근, 1964; 이홍식, 1959).

우선 파견관리가 호조에 해유첩을 보내는 해유첩정解由牒呈을 한다. 호조에서 합법성 여부를 조사해 해유이관解由移關을 해 통과해야만 해유가 확정된다. 만약 해유를 받지 못할 경우에는 원칙적으로 다른 직책에 취임할 수 없다. 물론 손실 정도가 경미할 경우에는 예외로 책임 해제를 인정했다.

해유는 조선 초기에 수령의 교체 시에도 엄격했으며 창고를 두고 관리하던 전곡아문錢穀衙門 관리와 지방관의 경우 특히 엄격했던 것으로 보인다. 이러한 일은 회계사가 소속되어 있는 전문조직인 호조의 산학청算學廳에서 관장했다. 공공책임 관리가 제도적으로 엄격하게 이루어진 실질 책임 행정이었던 것이다.

분경금지법

권력가들이 사병을 거느리고 있으면 왕권이 위협을 받거나 공공성을 훼손하는 집단 행동이 생길 우려가 있다. 또는 대치관계에서 서로 모함을 하거나 원활한 선의의 소통과 교류에 지장을 줄 수도 있다. 더구나 서로 요직을 청탁하는 엽관운동으로 이어지는 일이 생기기도 한다.

그래서 이런 행동을 금지하려는 취지에서 분경금지법을 만들었다. 이는 경조사나 문병을 핑계로 관리들이 사사로이 내왕할 수 없도록 하는 제도이다. 이를 어기면 사헌부에서 규찰했고, 형조판사 집에 뇌물을 바치면 처벌하도록 했다. 위반한 관리는 즉시 파면했으며, 전직자는 귀양을 보냈다.

분경금지법은 『경국대전』에서 인사행정의 한 규정으로 확립되어 있다. 인사행정을 담당하는 이조, 병조와 당상관, 사헌부, 사간원의 집에는 동성 8촌이나 처족 6촌 등 가까운 가족 외에는 출입을 금지했다. 엄격하게 준수된 이 법을 위반한 정승, 판서의 집에 찾아가거나 부하 또는 부인을 보냈던 사실이 발각되어 처벌된 경우가 많았다(한우근, 1961).

더구나 혈연, 지연으로 맺어진 관계 네트워크를 갖는 사람들은 끼리끼리만 교류하고 소통의 기회를 출세에 이용했다. 과거 합격자 가운데 여기에 끼지 못하면 평생 직책을 갖지 못한 채 제대로 역할을 못하거나 권력이나 재력에 접근할 기회조차 못 갖는 경우가 많았다. 그런데 분경금지법은 권력을 가진 종중들이 왕래하면서 정치에 개입하는 것을 막으려는 김종서의 의도가 크게 작용하면서 수양대군을 비롯한 광범위한 반대에 부딪치게 된다. 참여 봉쇄에 대한 반발이었다.

이 제도는 사회문화적으로 큰 효과를 보지 못해 결국은 폐지되었다. 권력을 사고파는 세태를 바로잡는 데까지 기여하지는 못했지만, 당시 사회문화적 실태를 바로잡으려는 실험적 개혁으로는 높게 평가할 수 있다. 특히 권력과 재력을 모두 갖춘 고위관리들의 개인 이익 탐닉을 경계하는 제도였다. 유학의 가르침이나 위민정신을 저버리지 않도록 『경국대전』에 세련되게 반영시킨 점은 권력 선용의 지속발전 생태계를 만들어 가려던 노력으로 이해할 수 있다.

4장

언관 활동 존중

간언을 받아들이는 왕의 행동은 간언을 즐기거나, 간언을 용납하거나, 간언을 버리거나, 간쟁자를 죽이는 경우로 나눌 수 있습니다. 그 결과 낙간자는 성스럽게 되고, 용간자는 어질게 되며, 기간자는 어지럽게 되고, 살간자는 망합니다.

-「중종실록」, 중종 4년 6월 임계조

1. 왕의 귀와 눈

조선시대에 중앙정치는 왕의 귀와 눈 노릇을 제대로 한 언관제도 덕분에 소통 경로를 확실하게 유지할 수 있었다. 왕의 잘잘못을 따지는 간쟁과 관리들의 기강을 바로 잡는 탄핵 활동이 단단한 소통의 디딤돌이었다. 이 역할의 중심은 언관이라 불리는 사헌부의 대관, 사간원이 간관이 맡았다(최승희, 1981). 기존의 의정부와 함께 언관이 국정 운영의 중요한 축을 담당한 것이다. 정치권력과 사회문화가 함께 맞잡고 춤을 추면서 문화국가 조선의 위상을 높였다.

사헌부는 기본적으로 현행정치를 논평하는 일을 맡는다. 또한 관리를 감찰하고 풍속을 바로 잡으며, 억울한 일을 밝혀주고 외람된 행위와 거짓 언동을 처벌하는 감찰행정을 맡았다(『경국대전』 이전 정이품아문). 사간원은 왕의 과실이나 정치적 득실에 대해 지적하는 간언을 하고 정치적인 잘못을 논박하는 역할을 맡았다(『경국대전』 이전 정삼품아문).

또한 홍문관이 언관 역할을 수행하기도 했다. 홍문관은 원래 궁중의 경서나 사적을 관리하며 문서를 처리하고 왕의 자문에 대응해 유학 기반의 왕도정치를 펼치는 데 소중한 정보지식을 관리하는 직속기관이었다. 그러다가 간쟁보다 더 높은 차원에서 왕의 자문에 대응하게 되었고 어떤 점에서는 양사보다도 왕과 더 밀접한 관계에서 일했다(조중연, 1974). 그래서 사헌부, 사간원, 홍문관을 언론삼사라고 칭했다.

조선 초기 언론기관의 구조와 기능은 고려시대의 어사대御史臺에서 시작되었다. 『경국대전』에 언관제도로 확정될 때까지 구조는 조금씩 변했으나 기능은 그대로 내려와 제도로 정착되었다. 이처럼 일찍부터 조선은 견제와 균형, 권선징악, 옳고 그름을 명확히 따지면서 국가를 운영하는 높은 국격을 지녔다.

역할 기대에 충실

그렇다면 왕과 삼사는 역할을 어떻게 나눠 맡고 관계를 형성했을까? 왕-대신-삼사는 매우 엄격하게 고유 역할을 나누고 충실히 운영했다. 그 결과 왕권의 전제성이 상대적으로 약해지기도 했다. 왕과 국가를 동일시 여기는 지배 원리에는 변함이 없었으나, 왕권은 실제 운영 과정에서 정치 상황의 영향을 받았다. 그들이 견제와 협력을 병행하며 역할을 맡은 점은 매우 중요하다. 각 관직의 고유 업무와 관리체계는 뚜렷한 행정 이념을 실천하는 과정이었으며, 그것이 나라 운영의 큰 원동력이었다.

『조선왕조실록』에는 "대신은 임금의 팔과 다리이고, 삼사는 눈과 귀"라고 비유하는 말이 여러 차례 등장한다. 대신과 삼사는 왕과의 관계에서 관직의 높낮이, 부여된 역할이 매우 달랐으며 독자적인 고유 영역을 견지하는 업무와 협력적 역할 기대에 충실했다.

왕과 신하는 제도상 매우 지엄한 관계이지만 법적인 역할을 존중하고 전문성을 갖춰 상호 적응하려고 했다. 전제주의 정치에서 아름다운 모습이다. 조선유학에서 권력의 본분을 학습해 온 왕과 관리들이 권력과 소통의 바람직한 관계 모형을 실정에 맞게 개발하고 펼친 것이다. 특히 권력을 남용하지 않고 선용하면서 국정을 도모하려는 이상적인 활동이 삼사 역할, 왕-언관관계, 제도화로 이어졌다. 삼사의 활동은 얼핏 보면 권력 싸움으로 비칠 수 있지만 실제로는 권력 선용과 사회문화적 소통이었다.

언관제도는 왕의 눈과 귀 노릇을 하며 업무 전후 과정에서 권력 남용을 막음으로 상징적 가치를 넘어 실질가치를 추구하고 있다. 아래로는 모든 관아행정을 감찰해 백성이 편안하게 선정을 베풀고, 권력과 권한의 균형을 유지하며, 전제 질서의 안전을 도모해 그 존립 의미를 실현했다(최승희, 1976).

『경국대전』의 운명

『경국대전』은 '나라를 다스리는 큰 법전'이다. 그 이름에 걸맞게 조선의 기본적이며 핵심적인 국정 운영의 질서를 집약하고 있다. 세조 때 『호전』의 편찬을 시작으로 완성(성종 16년)에 이르기까지 25년이나 걸렸다. 많은 수정과 보완을 거쳐 법률뿐만 아니라 정치, 경제, 교육, 군사, 산업 등 국가 운영의 근간이 되는 세부사항들을 규정하고 있다.

그런데 이처럼 훌륭한 종합법전의 운영을 가로막고 나선 사건이 있었으니, 바로 사초가 발단이 되어 사림파가 훈구파에게 화를 입은 무오사화(1498)이다. 완성된 지 겨우 13년밖에 되지 않은 『경국대전』의 법체제를 정치권력이 무너뜨리고 사회문화를 소용돌이 속으로 떠밀어 버렸다.

국가 경영 질서의 기틀인 법체계가 자리 잡고 사회문화로 이어지려는 즈음에 권력이 발목을 잡은 것이다. 사화에 이르게 된 당시 정치권력의 원인, 과정, 결과가 어떻든 사회문화 형성과 정면충돌해 엇박자가 난 셈이니 더욱 안타까울 뿐이다.

투표까지 한 언관 임명

언관은 도대체 어떤 사람들이었기에 이토록 편하게 왕과 소통할 수 있었을까? 물론 이러한 분위기를 만든 것은 법률 규정과 왕이었다. 아무리 그렇다 해도 절대군주 앞에서 옳고 그름을 통절하게 외칠 정도의 언관이라면 뭔가 든든한 뒷배가 있지 않았을까.

그 이유는 바로 언관의 주체적 역할이 특정화되어 있었기 때문이다. 앞에서 왕과 언관 역할의 제도적 특성을 살펴봤지만, 그것보다는 왕이 언관에게 주체성을 부여한 역사문화적 힘이 컸다. 그 외에도 왕의 국가 경영 의지와 역할 질서를 바로 잡으려는 권력 의지가 작동했다. 왕은 개인으로는 언관과 맞부딪쳤으나 그에 대해 책임을 묻지 않았다. 유학지식 군주의 덕목을 지키려 애쓴 확신과 실천적 행동이 크게 작용한 것이다. 사회문화적 힘이 뒷받침되어 주었기에 권력이 선용 의지를 실천으로 이어 가는 순기능적인 역할을 할 수 있었다.

언관의 독자적 운영 보장이라는 특징은 우선 그 구성과 직제편성에서 찾을 수 있다. 사헌부는 대사헌 6명, 사간원은 5명 등 11명이 언관 역할을 맡았다. 이들을 대간, 간관, 양사라고 부르기도 한다. 그 밖에 집현전도 언관 활동을 했다는 전문가의 주장도 있다(최승희, 1981). 언관은 역할 책임을 다하는 데 흔들림이 없도록 위상과 상징성이 돋보일 정도로 권위 있고 지체 높은 자리였다. 사헌부 수장인 대사헌은 종2품이었다.

언관은 임명될 때부터 그 권위를 인정하는 상징이 부여되었다. 품격 있고 존경을 받는 만큼 외형에 차이를 두어 금꽂이(금관자)를 꽂고 왕처럼 금띠를 두를 수 있었다. 일반 규정보다 더 많은 종을 거느렸고, 임명 때는 임금을 알현하는 인견(引見)의 예를 거치지 않았으며, 승급심사 때 근무 평가를 받지 않았다. 이는 왕이나 관리를 꾸짖을 수 있는 권위를 부여하는 상징 장치임을 보여 준다.

언관에 대한 의식도 격이 높았다. 왕은 공공행사에 언관 1인을 반드시 참여시켜 왕과 마주보는 자리에 배정했다. 정책 심의 때 자리에서 일어나 곧바로 비판하는 데 거리낌이 없을 정도였다. 또한 왕의 행동과 말을 직접 심의, 검토하는 등 미사여구까지도 간여했다. 권위에서 권력이 나오는 전통 시대에 사회 구조적인 지위에 걸맞은 대우를 할 수 있도록 제도화해 둔 것이다.

언관의 자격은 엄격하게 정했다. 내외 4대조까지 허물이 없고, 불의부정과 타협하지 않고, 강직한 언론 활동을 할 수 있는 기개 높은 인물이어야 했다. 언관은 직급이 낮더라도 의정부 의정과 양사 관원들이 후보자 이름 위에 점을 찍어 득점이 많은 사람을 선정하는 방식, 이른바 투표 형식으로 선임했다. 왕이 자신의 의지대로 함부로 정할 수 없었다.

왕의 입장에서만 보면 비판이 달갑지 않아 적당히 말 잘 듣는 언관을 선정할 법도 하다. 하지만 공공윤리에 투철하고, 언관으로서의 자질이 충분해야 하며, 성품은 원칙을 곧게 지키되 한쪽으로 치우치지 않는 균형감각을 가진 적임자를 뽑아서 배치했다. 또한 중용과 정도를 지키고, 청렴하고 용감하며, 곧은 성품을 가진 이를 선호했다. 그리고 왕과의 원활한 소통을 위해 고도의 소통 기술로 문제의식을 공유할 지혜가 있는 인물로 골랐다.

청렴을 중시해 흠이 없는 가정에서 자란 자제를 선호하고 부정한 유혹에 흔들리지 않는 안정적인 사람을 뽑았다. 당연히 조상들 가운데 뇌물을 받거나 윤리도덕상 과실이 있는 자는 물론 그 자녀와 결혼한 사람까지도 제외했다. 감찰이 될 사람은 처음부터 올바르고 굳센 성품이라고 인정받은 사람이어야 했다. 올곧은 정의감으로 뭉쳐진 언관들의 힘은 바로 여기에서 나온 것이다.

2. 언관의 활동

언관들은 왕의 실정으로 관리에 대한 상벌, 인사 불공정, 언로가 막힐 때면 이를 바로잡으려고 나섰다. 왕으로서의 역할을 소홀히 하거나 조회나 청정聽政, 경연 등을 게을리했을 때도 마찬가지였다.

또한 관리들 사이에 부정불의가 생기거나 기강이 해이해졌을 때, 과실이 있을 때 의정부 대신과 참판, 이조 관원, 수령, 방백 등을 탄핵했다. 특히 시정에 관해서는 엄격했는데, 현행시책 중 국민의 이해와 직결되는 것이 잘못된 경우에는 이를 바로 잡는 데 힘을 쏟았다. 예컨대 언론, 관제, 법제, 전제, 세제, 과거, 교육, 군사, 군역, 부역, 노비 등에 관한 일에는 꼭 나서서 바로잡았다.

『조선왕조실록』을 통해 언론 활동을 분석한 바에 따르면 언관의 실제 활동은 매우 막강했다. 고유의 역할에 충실하게 언론의 횟수, 내용, 강도를 지키면서 철저하게 이루어지고 있었다. 태조 원년부터 성종 9년까지의 언론 횟수는 『조선왕조실록』에 5,599회에 이른 것으로 파악되었다(최승희, 1976).

활동 내용은 탄핵이 53.1%에 이르며, 이는 월평균 2.9회 정도로 가장 많았다. 그 다음 시정은 17.4%로 월평균 0.9회였다. 그 뒤를 이어 인사상 이의 제기가 12.5%로 0.7회, 간쟁이 12.3%로 0.7회였고, 불교 배척에 관련된 내용이 4.8%로 0.3회였다.

언론 활동을 펼친 빈도를 보면 사헌부 53.2%, 사간원 30.6%, 언관 합동이 12.3%였고, 삼성(의정부, 사헌부, 의금부 합동), 집현전, 예문관(성종 초기)이 3.9%에 이른다. 역시 사헌부가 가장 많다.

왕별로 월평균 언론의 횟수를 보면 문종 9.5회, 단종 7.7회, 세종과 예종 때 4.8회, 태종 4.2회, 태조 3.2회, 세조 2.7회, 정종 1.6회의 순서로 나타나고 있다. 성종 때 월평균 24회 정도로 특별히 많았으며(송웅섭, 2010) 유교 정치 활성화와 더불어 언론이 존중받았고, 무단정치를 실시하던 세조 때 가장 위축되어 있었다. 전체적으로 시대가 바뀌면서 간쟁은 점차 증가하는 추세였다.

정교한 방법으로

언론을 행사하는 방법은 매우 정교했다. 국가의 중대사에 대해서 왕의 뜻을 움직이고자 할 때는 사헌부와 사간원이 합의한 양사합계兩司合啓를 펼쳤다. 여기에 홍문관을 합해 삼사합계하는 일도 있었다. 그래도 뜻을 이루지 못하면 합사복합合司伏閤이라고 해서 삼사의 관원들이 일제히 궐문에 엎드려 국왕에게 강력히 요청하는 일도 있었다. 원래 언론 행사는 하루에 두 번까지만 계언할 수 있었다. 그러나 긴급할 때는 몇 번이고 계언하면서 왕에게 촉구하고 나섰다(김운태, 1981).

간언하는 방법도 실제 상황에 따라서 여러 가지를 선택했다. 우선 전례나 고사를 들어 정중한 형식을 갖춰 간하는 규간이 있었고, 단도직입적으로 하는 직간直諫도 있었다. 돌려서 말하는 휼간譎諫을 하거나, 죽음으로 의사를 표현하는 시간屍諫도 있었다. 『조선왕조실록』에 등장하는 방법 중 가장 많이 사용하는 방법은 규간이었다.

간쟁을 펼칠 때는 지식과 풍부한 사례에 바탕을 두고 논지를 펼쳤다. 그 사례지식이 정책 대안이라기보다는 수사적인 비유가 많아서 형식 논리라고 비난할 수도 있다. 그렇지만 이런 방식은 간언할 때 생길 수 있는 왕과 언관 사이의 긴장과 대립을 중화시킬 수 있기에 도움이 된다.

언관의 비판은 절제 있게 이루어졌다. 왕의 권위에 크게 해가 될 내용(왕의 취미, 왕비나 수라상 관련)은 직접 마주 보면서 예의를 갖춰 소통하게 했다. 또 반역이나 폭동 같은 중요한 일은 반드시 간언을 밀봉해서 왕에게 직접 전달하는 방식으로 했다. 그다지 중요하지 않은 것은 대개 환관을 통해서 전달했으나, 관원의 탄핵 같은 것은 환관을 통하지 않고 직접 전달해야 했다. 그러나 반역 음모처럼 시급한 사항은 환관을 통해서라도 때를 놓치지 않게 했다.

왕이 간언을 받아들이지 않을 때 언관들은 다양한 항의를 이어 갔다. 기본적으로 간청, 거부운동, 관청 비우기 방식으로 시위를 펼쳤다. 그래도 왕이 못 들은 척할 때는 더 강하게 임금을 지적하며 논의를 펼쳤고, 마지막에는 집무를 거부하거나 사직서를 제출하며 압박했다.

일단 사표부터 던지고

관직을 사직할 때 요즘은 '일신상의 사유'라고 애매하게 표현하지만, 언관들은 사직 이유를 명확하게 썼다. 언관의 임무가 막중하고 사회에 중요한데도 불구하고 간언이 받아들여지지 않아 뜻을 이룰 수 없으니 사임한다는 취지를 명확하게 밝히는 것이다. 행동 전략상 일단은 개인적으로 사표를 내고 점차 줄줄이 사표를 던지거나 모두 한꺼번에 사표를 던질 때도 있었다. 왕이 사표를 받지 않으면 더 넓게 연대를 이어 갔다.

집단으로 사표를 제출하면 왕은 일단은 사표를 받았다. 사실이 엄중해 반박할 여지가 없는 내용을 담은 경우에는 기껏해야 말투를 지적하는 정도에 그치지만, 그것으로 처벌까지 하지는 않았다. 언론의 자유와 비판을 허락하는 것이 '성인군주'의 도리이므로 순수한 비판에 대해서 언관의 권리를 막지 않은 것이다.

사임은 신하의 도리를 다하지 못한 책임에 대한 '자기 확인'이기에 명예로운 일이었다. 그래서 사임을 하더라도 왕은 곧 그를 다시 불러들였다. 그 뒤 그를 더 높은 관직으로 올려 '명예로운 징검다리'가 되도록 배려하면서 소통의 질을 높였다.

사직서를 제출할 때 언관들은 간쟁 역할의 가치를 귀하게 여기며, 먼저 지금 자기 역할에 충실하게 일하고 있음을 당당하게 강조한다. 주로 성리학의 이론을 제시하면서 소속기관이나 담당자 자신이 선명한 기준으로 언론 활동을 게을리하지 않았다고 주장한다.

언관의 의결 방식은 그 내용 못지않게 뜻이 깊다. 언관들은 둥글게 둘러앉아 전원일치 의결을 하는 비밀 평등 회의로 결정했다. 부결을 하거나 반대할 때는 사헌부, 사간원의 양사합의 형태로 결정을 내려 더 큰 힘을 갖게 된다. 회의 때 발언은 직급이 낮은 관원부터 시작해서 높은 관품의 순서로 진행했는데 이는 갈등 조정, 원활한 토의, 평등성을 보장하는 바람직한 소통 전략 방식이었다.

이러한 활동은 바르지 못한 권한을 행사하는 왕에 대해 하늘의 뜻을 지키도록 하는 유학 이념의 실천 행동이다. 언관은 적극적으로 정책 과정에 참여해 정책을 보완하고, 요직에 인재를 천거하며, 왕의 행동을 감시했다. 아울러 왕이 이런 언관의 역할 책임과 임무를 보장하는 것 또한 중요했다. 이로 인해 언관들의 상소문에는 곧고 구김살 없는 성질이 잘 나타나 있다.

책임 있는 언관의 행동에는 사후 보장이 이루어졌다. 언관 노릇을 잘 한 사람은 정승이나 대관에까지 승진할 수 있어 탄탄대로를 달렸다. 지적한 문제를 추진하다가 목이 달아나거나 유배 가는 것을 두려워하지 않았으며, 혹시 그런 일이 생기더라도 왕이 다시 불러 간언을 계속하는 경우가 많아 뒤탈을 걱정하지는 않았다. 삼사 수장의 임기는 성종 대에 반년을 조금 넘었다가 연산군 대를 거쳐 중종 대에는 그 절반으로 줄어들었다. 하지만 약 40%에 가까운 사람들이 파직된 뒤 다시 그 자리에 임명되었다. 왕과 언관은 서로 역할을 존중하고 상호존중의 품격을 유지하면서 소통을 이어 갔다.

언관은 이렇게 일하며 타인의 모범이 되는 공공성 실천자 생활을 이어 가는 데서 보람을 찾았다. 높은 기개와 포용력 있는 젊은 능력자들이 함께 문제의식을 공유했다. 이로써 관리집단은 당연히 침체되지 않고 활력을 유지할 수 있었다.

3. 소통과 불통 사이

언관제도는 실제로도 많은 성과를 거두었을까? 역할 논리에 비춰 본다면 언관제도는 왕이 왕다워야 하고, 어버이같이 어진 성군 역할을 제대로 실천하도록 제도화한 것이다. 언관도 마찬가지의 역할 논리 속에서 존립 정당성을 갖는다.

언관제도는 왕이 민본주의적인 책임을 실천하도록 만드는 명분을 가졌기 때문에 존중받았다. 이 제도는 당시에는 혁신적이었지만 그 활동 범위가 소수 언관에 그치거나 활동 성과가 미약한 경우도 있었다. 제도가 변화되는 모습도 초기에는 완성도가 높았으나 중기에 접어들면서 사회 변화와 함께 명분과 실질의 차이가 나타났다. 그럼에도 이 제도는 오랫동안 왕과 관리가 서로 역할을 존중하고, 때로는 부딪치면서 제자리를 찾았다. 언관제도는 왕과 관리들이 서로 협력하면서 건국 초기의 어려움을 극복하기 위한 왕권과 신권의 소통을 원활히 하는 장치였을 것이다.

'절대군주제'라는 어려움 속에서 운용상 한계가 있더라도 합리적인 소통 절차를 제도화했다는 점에서 매우 창의적인 제도이다. 또한 권력 횡포를 통제해 국가의 자기 관리시스템을 스스로 만들어 가려는 제도로서 매우 미래지향적이다. 최종 실무 책임자인 고위 언관이 결정권을 가진 왕에게 조목조목 요청하는 방식은 당시의 폐쇄적 정치환경에서 매우 열린 방식이었다는 점도 높게 평가할 수 있다.

그 밖에도 언관제도는 여러 가지 부가적인 가치를 실현했다. 먼저 유학의 가르침에 따라 성군이 백성들의 억울함을 해소하고 돌봐야 한다는 민본주의적 개념을 제도화했다. 또한 교통, 통신이 발달하지 않았던 시절 지방 토호세력과 소통하면서도 통제 범위 안에 두려고 했던 점, 더불어 민중들과 소통하려고 했던 점을 주목해야 한다. 결국 분권화를 허용하면서 소통을 통해 지방자정력을 제고하려는 의도가 함께 내재되어 있던 것이다.

격조 높은 언론

언론 활동은 품격 높은 방법으로 이루어졌다. 간쟁을 할 때 언관의 언어는 매우 신중하면서도 절실해 설득력이 있었다. 나라를 망친 한나라의 걸왕, 온나라의 주왕, 후한의 환제 같은 인물들을 예시로 들면서 그렇게 되지 않기를 바라는 마음으로 간절히 호소했다.

또 왕이 간관에게 벌을 주려고 하면 "겉으로는 말을 하라고 하면서도 실제로는 말문을 막는 것이나 다름없지 않느냐."라고 항의하며 직언에 대해 처벌하지 말라고 주장했다. 만일 위아래 사람들이 "네, 네 하기만 하고 진실로 말하기를 꺼리면 한 마디도 듣기 어려울 것"이라고 왕을 압박하며 설득하기도 했다. 말의 출처를 자꾸 캐묻는 왕에게는 "무조건 언관의 말을 따르라는 것이 아니라 판단은 왕이 하되 언관에게 말의 출처를 묻지 말라."라고 달래며 설득해 정보제공자의 신변을 보호했다.

간원을 파직해 귀양 보내면 "국가에서 언관제도를 설치해 눈과 귀의 역할 책임을 맡겼으므로 법을 지켜야 한다"고 주장했다. 또 "벌을 주는 것은 그리 안타까울 것 없으나, 강직한 기풍을 꺾고 아부하는 풍조를 조장하게 될 터이니 매우 애석하므로 유념해 살펴주기를 바란다"고 간곡히 아뢰었다.

왕은 간쟁이 활발하게 이루어지지 않으면 문제를 알고 있으면서도 덮어버리는 것이니, 간관이 자기 역할 책임을 소홀히 하는 것이라고 판단했다. 그렇다고 해서 이런 책임 회피에 대한 비난을 피하려고 간쟁을 형식적으로 하고 적당히 넘어가면, 내실이 없고 의도가 옳지 못하다고 오히려 나무라기도 했다.

왕이 못마땅한 언관을 처벌하는 것은 흔하지는 않지만 실제로 사례가 있다. 왕의 위엄을 경멸하고 거역할 때, 사실과 달리 말하거나 나중에 말을 바꿀 때는 처벌했다. 또한 말한 증거를 대라고 했는데 말하지 않거나 한 가지 의견만 고집스럽게 계속 간쟁하는 경우 명목상으로는 처벌이 불가능했지만, 사실상 처벌을 했다(이규완, 2009).

왕마다 운영 차이

지식문화국가의 왕으로서 언관의 활동은 큰 자부심이 되었지만, 절대군주인 왕 개인으로서는 걸핏하면 비난을 받으니 자괴감에 빠지기도 했다. 성군이 되려는 생각에 간쟁을 즐겨하며 수용한 왕도 있었으나, 그렇지 못한

왕의 소통

왕도 있었다. 그러다 보니 "임금이 처음에는 간쟁을 좋아하고 물 흐르듯이 간쟁을 따랐지만 지금은 그렇지 않다."라는 지적이 상소에 자주 등장한다.

근세조선에서 왕과 관리의 소통이 왕권을 견제하는 방향으로 흐를 때는 상황이 복잡해진다. 이때는 언관들이 역할에 집착한 결과 간언 방법이나 왕을 나무라는 방법도 매우 거칠어 국정마비가 올 지경이었다. 특히 왕실이나 왕족의 업무에 관련된 일을 다룰 때는 그 정도가 더욱 심했다.

이로 인해 왕이 언론 활동에 대응하는 방식은 매우 다양하고 차이가 있었다. 왕마다 언관제도 및 언관들과의 관계 형성에서 다른 특징과 강약을 보여 주었고, '적응적 순화' 과정과 다양한 사례를 거치면서 제도의 취지나 운용상의 특징이 나타났다. 여기에서는 제도 운영 측면에서 세 가지 유형으로 나눠 살펴보겠다.

첫째, 제도의 취지를 최대한 살려 운용하던 시기로 영조, 정조 때가 여기에 해당된다. 영조는 역대 왕들 가운데 가장 모범적으로 언론삼사와 좋은 관계를 유지했다. 영조는 성인정치를 이념으로 삼고 재위 52년 동안 경연을 3,400회나 열었다. 역대 왕 가운데서 가장 많았고, 연평균 횟수로 보아도 가장 빈번하다. 자신이 주자학에 정통했기에 경연을 강조할 수 있었고 이를 통해 신하들을 선도하려는 의도도 숨어 있었다고 해석할 수 있다.

아울러 공정한 여론 형성에 장애가 되는 붕당의 논쟁을 끊어버리기 위해 탕평책을 운용했다. 율곡 이이는 붕당 논쟁이 여론을 형성하는 데 큰 장애 요소이니 막아야 한다고 여러 차례 상소를 올리기도 했다(『율곡전서』 권4). 이는 여론정치에 충실하게 다가가는 지혜로운 조치였다.

정조 또한 다양한 방법으로 대응했다. 경연 대신 규장각을 운영하면서 신하들과 소통했다. 규장각에서 논쟁이 이루어지도록 하고 선발된 문신들을 이곳에서 재교육시켰다. 절대왕권의 회복을 위해서 스스로 정치의 중심에 서려고 했지만, 그만큼 더 강력한 반발을 받아 결국에는 무너지고 말았다.

둘째, 언관의 취지를 잘 지키면서 제도를 운용한 경우로 세종, 문종, 성종, 숙종 등이 해당된다. 세종, 문종 때는 언로가 훤히 열려 있어 모든 정무를 6조가 묘당에 보고했으며, 여기서 토의하고 결정했다. 참여하지 못하는 관리들을 위해서 6품 이상은 매일 윤차로 보고할 기회를 마련해 주기도 했다. 세종은 초기에는 언관들이 지나치게 관여하는 부분을 불편하게 생각하고 인사조치까지 하면서 언론 활동을 약화시켰다. 그러나 후반에는 언관에 대한 탄압이나 징계를 하지 않고 오히려 언론기관의 위상을 높였다.

성종은 언관제도에 적응을 잘해 적극적으로 행동했으며, 홍문관에 간쟁 업무를 추가해 언론 기능을 강화했다. 유교정치를 중시한 왕이 삼사의 역할 인식을 긍정적으로 이해하고 언관 활동을 관대하게 받아들인 것이다. 문제가 있어도 인사조치 정도로 끝을 내 언론 활동을 활성화시킨 좋은 선례가 되었다.

이 당시 언관들은 왕보다는 고위직들을 탄핵하면서 기강을 바로 잡기 위해 노력했다. 『경국대전』을 보면 언관의 역할이 명확해지고 실제로 비판의 범위도 넓어졌으며 언관 종사자 직위도 높아진 것을 알 수 있다. 언관 활동은 왕-언관-고위관리직의 상호 간 '비판적 공존체계'가 구축되는 계기가 되었으며 여기에서 붕당정치가 촉발되었다.

숙종 때는 언론정치가 숙성했던 시기이다. 숙종은 삼사에서 왕에게 올리는 보고인 차자箚子, 대차臺箚를 월 3회에서 6회로 늘렸고 참여 범위도 확대했다. 또한 정국의 변동이 심하고 극심했던 당파의 영향력이 더욱 커지자 집권세력을 교체하면서까지 왕권을 강화하고 소통을 늘리며 위기를 수습했다.

헌종, 철종 때는 언관이 오랫동안 활동이 없자 역할에 소홀하다며 견책, 파면까지 당하는 일도 있었다. 중종은 적응을 잘했지만 가끔 거부를 병행하기도 했다.

태조 때는 국가 경영시스템 구축에 도움이 되는 방향으로 언론 활동을 활용했다. 소통 역할을 왕이 직접 부여하거나 왕의 이해관계와 정방향으로 언론 활동을 집중시켰다. 그러나 태조는 왕의 의지에 반대되는 경우에는 언론 활동이 고유의 역할에 충실하지 못한다는 명분으로 반대하기도 했다.

셋째, 제도의 취지를 잘 살리지 못한 시절로 태종, 선조, 연산군, 광해군 때이다. 태종 때는 왕권이 가장 강해 중요 국가대사가 아니면 6조가 왕에게 직접 보고했다. 좌의정 우의정이 각각 6조의 장을 3조씩 겸하게 되어 합의 결정기관인 묘당의 기능이 위축되면서 여론 기반의 통치가 취약해졌다. 언론 활동은 월 4.2회 정도 이루어졌으며 왕권 강화를 위해 억제하거나 담당자와 갈등이 있을 때는 인사 이동을 시키는 방법으로 활동을 약화시켰다. 또한 언관의 견제를 벗어나기 위해 정부조직을 개편하고 사간원을 승정원에서 독립시킨 적도 있다.

선조는 간언을 잘 따르지 않았다. 이 때문에 인심이 해이해지고 있다고 경연에서 율곡이 말하자 선조는 다음과 같이 대답하며 불편한 속마음을 드러낸다. "이는 내가 불민한 탓이다. 그러나 요임금, 순임금 때도 그 말이 틀리다고 따르지 않은 경우도 있었으니, 어찌 항상 따르기만 해서야 되겠는가." 또한 "언관의 말도 옳지 않은 것이 많다."라고 거부하는 경우도 있었다. 이렇듯 선조는 관리들의 세력관계를 이용해 집권당파를 자주 교체하는 등 왕권의 입지를 찾으려고 노력했다.

연산군은 권력이 분산되는 것을 염려해 언관을 거부하는 입장이었다. 그 결과 군신 간의 갈등과 상호 견제가 심해졌다. 급기야 연산군 11년에는 사헌부 지평持平(정5품)을 폐지하고 사간원을 잠깐 폐지한 적도 있었다. 물론 그 뒤에 중종이 사간원을 부활시켰다.

광해군 때는 상황이 더욱 심각해 언관제도 운용이 한계에 이르렀다. 결국 언론이 막히고 신하들의 권한이 매우 약해졌다. 여론을 외면한 절대통치에 대한 반발로 중종반정(1506)과 인조반정(1623)이 일어나게 되었다. 여론을 소홀히 하면 어떤 일이 생겨날 수 있는지를 잘 보여 준 역사적 사건이다.

세조는 유교 이념에 충실하려는 언관들과 소통하지 않고 왕권을 높이려 했다. 언관의 기능을 축소하기 위해 담당 인원을 줄이거나 기능을 전환시키는 조치를 취했다.

이처럼 언관을 대하는 왕의 입장은 왕권의 강약, 국왕의 인품, 정치적 분위기, 언관에 대한 자세 등에 따라 운용의 차이가 있었다. 자력통치가 약한 왕은 언관의 역할을 간섭이라 생각해 거절했고, 통치에 자신감이 있는 왕은 오히려 소통을 즐기면서 받아들였다. 소통의 명분과 실질을 추구하는 데 있어서 권력을 둘러싼 환경 요인이 작용한 것이다. 그 밖에도 상투적인 것, 풍문에 의한 것을 언론으로 다루거나 과다한 다른 업무량 때문에 본래의 업무와 역할 수행에 한계가 있었다(김운태, 1971; 우윤, 1997).

4. 권력 선용 함께 지켜

권력을 선용하고, 역할에 충실하기 위해 소통을 강화한 왕의 활동을 사회 문화적으로 어떻게 이해할 수 있을까? '강한 권위, 약한 권력' 상태의 왕이 단독으로 전제권력을 휘두르는 데는 한계가 있었다. 현실이 그러했고 혁명 초기에 왕은 아직 정체성의 문제에도 유의해야 할 상황이었다. 무엇보다 정치 이념이었던 유학의 가르침을 통해 모든 권력을 선용하는 것이 성인군주의 길임을 익혀 왔다. 이로 인해 왕이 관리들과 상호 협력하면서 일탈하지 않도록 유지하는 것에 우선을 두게 되었다.

국정 책임자인 왕은 유학 전문가들을 시험으로 채용해 관리직을 맡겼지만, 전문성이 자신만 못하다고 생각했을 수도 있다. 따라서 관리들이 공공 책임을 다하고 일탈하는 것을 막기 위해 다양한 방법으로 소통하며 감시해야 했다. 더불어 함께 교육학습을 하면서 관리는 왕이 역할을 제대로 인지하도록 돕고, 왕은 전문관리가 관리답게 균형을 유지하도록 상호 노력했다.

요즘 식으로 해석하면 관료정치의 '균형과 견제'를 시도한 것이고, 왕의 입장에서는 협력통치 기반의 효율적 통치를 꾀했다고 봐야 한다. 그 결과 왕과 관리가 통치와 정책 개발에서 유학지식을 활용해 경쟁적인 공진화를 이루어 냈다고 평가할 수 있다.

특수한 상호 작용

조선시대 왕의 소통 방식, 특히 왕과 언관의 상호 간 소통은 매우 창조적이었다. 소통의 명분과 실리를 함께 추구하고, 다양한 소통을 제도화하며, 창조적으로 제도화 지평을 넓혔다.

왕과 언관 역할의 제도적 특정화는 초창기부터 잘 이루어졌다. 무엇보다 왕은 스스로 언관의 역할을 강화하고 특정화하는 성군의 모습을 보이려 애썼으며 이를 법제화했다. 이렇게 부여한 언관의 주체성, 역할 질서, 고유한 역할 덕분에 언관의 권위가 유지될 수 있었다. 언관의 실제 활동도 주체적이고 자발적으로 전개되었다.

왕과 언관의 관계는 일종의 특수한 상호 작용 관계라 할 수 있다. 겉으로 보기에는 관리집단 대 왕 개인의 관계로 비춰지고 자칫 왕을 억압하는 통제로 보일 수도 있다. 하지만 실제로 제 역할을 다하는 언관은 무한책임 역할을 자임하고 왕은 책임에 대해 잘잘못을 심하게 묻지 않았다.

조선 전기의 소통 노력에서 두드러진 것은 왕과 언관의 관계를 제도로 형성하고 구조나 관계 형성을 매우 세밀하게 규정했다는 점이다. 어떻게 보면 견제를 당하는 위치에 놓인 왕이 스스로 제도화에 앞장서 소통 경로를 열어둔 것이다. 그렇기 때문에 왕과 언관이 소통 역할을 함께 인식, 제도화하면서 성공적으로 '공동 시동'을 이끌어 낼 수 있었다.

그러나 유학을 기반으로 한 사회 질서 속에서 취지가 아무리 올바르다 해도 정착하기는 쉽지 않았다. 그래서 더욱 언론 활동 주체들의 행동은 특정화되었으며, 주체적으로 역할을 전개했을 것이다. 어떻게 보면 주체가 각각 적합한 역할 질서를 창조해 나갔다고 볼 수도 있다.

공동 인식 제도화

근세조선에서 왕과 관리들의 소통은 매우 조직적이고 문제해결적인 접근으로 이루어졌다. 내부적인 소통 경로로 언관제도 외에도 묘당, 상소 등이 공식적으로 마련되어 있었다. 또한 과거제와 상피제로 인사 공공성을 담보하고 소통을 제도화했다. 한편 외부적인 소통 경로로는 신문고, 구언, 향약, 사림의 참여 등이 실제로 폭넓게 활용되었다. 이 방법들은 관리들의 조직 계층을 거쳐서 이루어지는 것들이다.

삼사와 3정승은 역할과 기능 관점에서 보면 서로 견제하는 관계였다. 삼사는 왕과 고위관리와 소통하면서 바른 길에서 벗어나지 못하게 감시했다. 왕과 관리는 견제를 받고 개개인의 의지보다는 유학적 지도 이념의 실천을 위해 행동했다. 현대 관료제가 분권화되고 상호 견제와 통제가 가능하도록 마련되어 있는 점을 보면 그 당시에 이미 매우 전향적인 제도를 갖춘 것으로 해석할 수 있다.

조선 초기 언관제도의 취지와 성과를 한마디로 사회문화력의 기반이라고 평가할 수 있다. 초기였음에도 불구하고 권력 지배복종관계의 준거 틀이 권력이나 이해관계만의 차이로 만들어졌다고 보기는 어렵다. 유교적 행동주의 원리가 이러한 일방적인 지배복종관계를 받아들이지 않기 때문이다.

예를 들면 양반은 국가와의 관계에서 여러 가지 행동을 할 때 실리적이고 합리적인 이해관계에 따라서만 행동하지 않고 공공성 대의와 명분을 많이 따랐다. 조선시대의 정치행정 리더들은 중앙정부 정치에 순응하는 행동만 한 것이 아니며, 정치적 이해관계로 맺어진 보상에만 집착하지도 않았다.

간쟁을 맡은 언관들은 자신의 직책은 물론 생명까지도 내걸 정도로 강직하게 활동했다. 이를 위해서 사헌부의 대관 사이에는 위계 질서와 예의가 엄격했지만, 사간원의 간관끼리는 상호 예의를 차리지 않아도 되었다. 이렇게 차이를 두는 것은 대관은 관리들의 비행을 규찰하므로 모범이 되어야 했고, 간관은 왕의 잘못을 따지고 비판하는 무거운 역할을 맡고 있었기 때문이다.

이처럼 왕과 신하의 권리를 강화시킨 결과 숨어 지내던 선비인 산림들은 스스로 그들과 경쟁하는 위상을 만들어 갔다. 이런 점에서 흔히 당쟁은 절대적인 혼란이라기보다는 환경 변화에 순응하면서 새롭게 역할을 펼쳐가는 산림의 불가피한 행동이었던 것으로 해석된다(정옥자, 2012). 당쟁과 언론 활동을 연결시켜 보는 입장에서는 이를 주목하고 있다.

언관제도는 왕권과 신권의 관계 형성과 소통을 활짝 열어두는, 매우 혁신적인 장치였다. 그 결과 공공성 책임이 확실하게 자리 잡고, 왕과 신하가 서로 권력의 악용을 막고 선용하도록 소통했다. 그런데 이 제도는 운용 과정에서 보인 다소간의 의견 차이로 제도적으로 진화시키지 못하더니 근대에 이르러 결국 소멸된다. 역할 분담과 소통을 꿈꿨던 '아름다운 공진화'가 변형된 것이다. 역할에 대한 기대와 실제 운영 사이에서 안타까운 한계를 보였다.

왕의 소통

5장

정책 논의

온 나라 사람들이 당연하게 여기는 것을 공론이라 이릅니다. 그런데 공론이 시행
되면 국시가 정해지고 치화治化도 따라서 아름다워지지만, 공론이 폐기되면 국시
가 정해지지 못해 치화도 따라서 아름답지 못하게 됩니다. 공론이 국가에 관계됨
이 이와 같아서 옛날부터 성제聖帝와 명군名君들의 다스림이 한결같이 공론의 소
재를 따랐던 것입니다.

-부제학 안침 상소문, 성종 23년

1. 정책 자문

전문 지식관리

근세조선 절대군주의 통치 구조는 '강한 권위, 약한 권력'의 독특한 형태로 구축되었다. 전문성을 갖춘 관리들에게는 책임론적 역할 분담이 제도화되어 윤리적으로 높은 책임을 기대했으며 그에 걸맞는 실천 장치를 갖췄다.

아울러 소통을 위한 적응적 순응 또는 창조적인 실험을 이끌어 갔다. 왕은 분권화된 정치체계의 구축과 권력 선용이라고 하는 공동선을 오랫동안 추구하고 유지하면서 사회문화적인 공감대를 이끌어 내려고 노력했다. 또한 이러한 환경에서 관리들과 정책을 논의하면서 조정을 이끌어 가야 했다. 이 점은 당시 권력의 흐름과 유학적 논리에 따른 통치 행위라고 볼 수 있다.

정책 소통에서 중요한 역할을 맡은 관리의 입장을 특별히 살펴보자. 정책 담당자를 흔히 관인, 관료, 관리라고 부르지만 여기에서는 이 말을 구분해서 쓰고 싶다.

'관인官人'은 전통적으로 중국 관리들의 권력지향적인 성향을 반영해 외국인들이 붙인 말이다(조좌호, 1959). 16세기에 중국에 온 포르투갈인들은 'mandar(명령하다, 지배하다)'라는 포르투갈 말을 붙여서 중국 관리를 관인으로 불렀다. 중국 관리들이 권력을 과시해 명령권자로 행동하는 것을 보고 유럽인들의 관점에서 붙인 말이다. 이러한 중국 관인은 '권력과 지식의 저주'에 휘말려 부정적인 이미지를 지울 길이 없다.

'관료'는 서구에서 특정 가문이나 집단세력에 봉사하며 참모 노릇을 하는 집단을 뜻한다. 그래서 당초 참모나 막료(staff)로서 존재하다가 권력에 접근해 경영 활동에 봉사하는 집단이라는 개념으로 관료라고 쓰게 되었다. 세월이 바뀌어 국가를 경영한다는 행정 개념이 도입되면서 관료제라는 말이 등장해 쓰이고 있다(김번웅, 김동현, 이흥재, 1992).

조선의 관리집단은 이들과 다르다. 권력을 기반으로 지배복종 활극을 벌리는 관인 같은 세력도 아니고, 특정 가문이나 세력에 빌붙어서 봉사하는 집단도 아니다. 근세조선의 관리는 조선유학으로 무장한 지식인들이 시험을 거쳐 등장한 '자격 있는 전문가집단'이라는 점에서 차원이 다르다. 오랫동안 학습하고 시험을 거쳐 형성된 관리들인지라 능력이 뛰어났고, 자신의 공공역할을 충실히 수행했다. 따라서 전문적인 유학지식을 지닌 관리는 전문성과 참여 수준이 관인, 관료와 달라 구분해 사용하고자 한다.

조선의 고위관리는 전문적인 정책 결정 참여자 신분으로 왕의 활동을 비판하는 데 거리낌이 없었고, 필요하면 절실하게 호소하는 소통 능력도 가졌다. 언관들은 도덕적으로 흠결이 없는 인물들이었기에 공공을 내세우고 민본주의 입장에서 당당했다. 왕과 신하는 어느 한쪽이 권력 우위를 차지하기보다는 서로 전문적인 역할을 분담했다. 더불어 정책을 논의하고, 이슈를 다루면서 소통하고, 정책을 집행하는 역할까지 협력했다(김운태, 1971).

전제군주제, 조선과 유럽의 차이

근세조선의 왕정체제는 유럽의 절대적 군주제도에 비해서 왕권이 분산되어 있었다. 그러므로 자연스럽게 소통 방식에도 차이가 생겼다.

우선 조선왕조는 절대주의 전제국가라는 주장이 있는데, 이에 따르면 경제적 봉건사회 붕괴 과정, 유학사상, 왕의 무제한적인 절대권력, 중앙집권적인 관료정치, 상비군제도의 관점에서 유럽 절대주의와 비교해서 대등한 수준이었다고 보는 견해가 있다(이달순, 1972).

한편 조선왕조는 근세적 전제체제라고 할 수 있지만, 유럽의 군주와 같이 절대주의의 전제적인 지위와 권력을 보유한 것은 결코 아니라는 견해(김운태, 1981)가 대립되고 있다. 여기서는 조선에서 절대군주의 힘은 유럽 절대왕정에 비해 실제로 약하게 나타났고, 어떤 부분에서는 분권화되었다고 본다.

이러한 관리집단과 함께 정책을 논의하는 왕은 어떻게 위상을 갖추고, 정책 활동을 전개했을까? 아마도 근세조선의 왕과 관리는 분권시스템을 갖추고 서로 소통했을 것이다.

기능상으로 보면 조선의 왕정에서 고위관리들의 참여자율성은 비교적 높은 편이었고, 절대권력에 대한 견제 장치도 발달되어 있었다. 더구나 전문관리인 신하가 절대권력자인 왕을 교육하면서 정책을 논의하는 특이한 구조를 가지고 있었다. 이 때문에 바로 유럽의 절대주의 국가나 중국의 국

왕보다 조선의 왕권이 더 많이 분권적이었다고 해석(김운태, 1978)하는 데 공감한다. 왕의 입장에서 보면 정치권력 견제 장치는 왕을 제약하는 것이지만, 사회문화 관점에서는 왕의 책임을 강화하기 위해 왕권을 제약하는 '책임 분담과 역할 분담'이었다.

전문적 상호 연결관계

근세조선에서 왕과 관리 사이의 관계는 어땠을까? 적어도 관리집단은 당시 사회문화환경에 비춰 보면 국왕에 비해서 권력이 크게 약하지는 않았다고 역사가들이 말한다. 그렇다고 해서 근세조선의 왕이 절대군주가 아니며 왕권이 약했다고 곧바로 단정하기는 어렵고, 관리집단이 상대적으로 강했다고 보는 것도 무리일 수 있다.

여기에서는 이런 특수관계를 권력상의 지배복종 관점만으로 논의하기보다는 '역할론'(책임 역할 기대론)으로 해석해 왕과 더불어 관리들의 역할 관점에서 보려고 한다. 관리집단의 일차적인 임무는 기본적으로 왕을 보필하는 것이다. 여기에 조선 지식사회의 권력층은 유학의 가르침에 따라서 왕의 일탈에 대한 비판 이념에 충실했다. 왕도 그러한 상황을 정당하다고 보았기에 언론삼사가 존립 정당성을 갖고 오래도록 운영될 수 있었다.

결국 조선시대 관리와 왕의 관계는 당초 기대했던 역할을 충실하게 따르는 '책임정치 구현을 위한 역할 존중'이라고 풀이할 수 있다. 이런 점에서 관리들은 왕이 천도를 걷도록 왕에게 충성하며 자기의 역할을 다하는 특화된 방식으로 협력했다. 왕과 관리는 '전문성 기반으로 연결된 관계'를 유지하면서 서로의 양해 속에서 전문 역할을 다하는 상호관계였다.

2. 공론을 수렴

조선은 혁명으로 이룩된 국가였고, 혁명의 주도세력은 무인이었다. 하지만
왕들은 고려시대에 무단정치의 수렁 속에서 헤맨 역사를 심각히 받아들여,
무인을 통제하지 못하면 정국이 불안해질 수 있다는 사실을 잘 알고 있었
다. 그러므로 왕은 늘 권위에 도전하는 세력에 신경써야 했다.

왕과 신하가 법질서를 절대 존중한다 해도, 실제로 좋은 관계만 유지되기
는 어렵다. 그런 환경 속에서 왕권에 대한 도전을 막고, 안정을 유지하는 전
략으로 왕은 문관 협력 네트워크를 갖춰야 했다. 왕은 유학의 가르침을 충
실하게 이행하는 도덕적 선을 중심에 두고 유학지식을 근간으로 하는 국가
조직편제를 주도했다. 그렇게 해서 문인을 중심으로 하는 '지본사회'가 발
전되었다.

문인을 위에 둔 구조로 편성

근세조선의 중앙정부 행정 구조는 문인 위주의 조직에 그 기본을 두고 있다. 특히 초기부터 태종은 사병을 혁파해 병권을 장악, 통제했다. 왕권에 대한 도전을 막는 장치로 작동시킨 것이다.

또 문무 최고 회의기구인 도평의사사都評議使司를 개편해 의정부와 중추부를 따로 세워 문무 두 가지 권한을 분리시켰다. 이들은 형식상 문무 최고기관인 정일품아문이었으나 의정부직은 실직實職인데 반해 중추부직은 무소위의 한직閑職이었다(김운태, 1981). 더구나 실제로 군사를 징발할 때는 왕명을 받아 의정부가 중추부에 시달하고 그 지시에 따르게 했다.

문인 중심 조직에서 소통 수단은 당연히 인문지식이었고, 조선 관리조직의 리더로서 문인은 왕 가까이에서 소통하며 빛날 수 있었다.

왕과 관리조직은 정책을 세우고 집행하기 위해 중앙행정기구에 왕에 대한 정책 자문의 주체가 될 소통 구조를 마련했다. 바로 홍문관, 의정부, 시사를 골격으로 한 전문가 소통조직이었다.

전문성 존중 요청

왕은 회의 자리에서 중신관리들과 정책을 논의하고 자문받는 기회를 갖는다. 그 자리에서 나온 결과에 따라 정책을 집행하지만, 관리들이 지속적으로 반대하면 번복될 수도 있었다.

왕은 보다 전문적인 자문을 받기 위해 홍문관을 운영했다. 홍문관은 원래 자문기관이지만 좀 더 큰 소통을 위해 새로운 역할을 추가로 맡았다. 정책 자문을 기본으로 하되, 소통을 강화할 필요가 있어서 홍문관이 간쟁 업무까지 맡게 역할을 중첩시킨 것이다. 홍문관의 언관 활동 추가는 이처럼 양사 중심의 언론체계를 넓혀 언론의 한계를 보완하는 데 기여했다. 더구나 홍문관의 활동은 형식적으로는 양사보다 우위를 갖게 되었다.

그러나 소통의 관점에서 보면 홍문관이 경연 기능을 맡으면서 '언관화'된 점이 더 중요하다. 경연에 참여하면서 자연스럽게 왕에게 간언하고 시정을 논의할 자리가 마련되어 정치적인 발언권이 커졌다. 교육 현장에서 실천적인 행동을 이어 가는 살아있는 책임교육으로 전개된 것이다.

홍문관은 왜 간쟁 업무까지 맡게 된 것일까? 아마도 왕의 자문에 대응하면서 그 내용이 성리학 이론에 맞는지 여부를 잘 판단할 수 있다고 보았기 때문이다. 아니면 왕의 자문에 응하면서 조정의 시비를 논의하는 과정에 자연스럽게 간언을 행하는 데 따른 '역할 전환'으로 볼 수도 있다.

그 밖에도 길재吉再와 같은 사람들이 대거 조정에 진출하면서 권력 보완 차원에서 홍문관에 간쟁 역할이 주어졌다는 견해도 있다. 이유가 어떻든 홍문관에 역할을 중첩시켜 소통 경로를 넓히려 했던 것이라면, 결국 가장 적절한 위치에서 왕에게 적합한 자문과 간쟁을 병행할 수 있어 소통을 심화할 수 있었을 것이다. 즉 조직적 역할 충실 외에도 개인적 자문을 소홀히 할 수 없다고 판단한 왕이 뛰어난 전문관리에게 역할을 중첩시킨 것이다. 이는 왕의 소통 의지가 강했다고 해석할 수 있다.

이렇듯 왕은 정책 수렴과 소통을 하면서 민본정치를 실천했다. 이를 '공론정치'라고도 부른다. 널리 의견을 받아들이고, 폭넓게 들어서 안건을 만드는 것, 바로 공공성을 펼치는 정치였다. 백성들을 위해 다양한 의견을 수렴하려고 소통 경로를 활짝 열어두는 것이야말로 국가의 기운을 높이는 것으로 인식했다(이규완, 2009).

왕은 전문지식과 직책을 존중해야 한다는 이야기를 관리들로부터 귀가 따갑게 듣는다. 소통에 참여하는 관리들은 그들의 전문성이 왕권을 선용하는 데 기여하고 그것이야말로 자기들의 역할이라고 굳게 믿었다. 스스로 그 역할을 자임하고 중요하게 생각했다. 언관들도 실제로 그들이 하는 역할에 대해 자부심을 갖고 강력하게 진행한 점에 대해서는 앞에서도 설명한 바 있다.

선조와 소통을 하는 경연 현장에서 율곡 같은 대학자도 언관의 중요성과 왕의 공동 인식을 강조하며 말한다. "근래에 언관이 말한 것을 임금께서 따르지 않는 일이 많아 인심이 해이해지고 있습니다." 그 곁에서 함께 경연에 참석하던 김우용도 율곡의 말을 받아 재삼 강조한다. "우리나라의 기강은 오로지 언관에게 달려 있으므로, 언관이 제 구실을 하지 못하면 기강이 무너집니다. 반드시 언관의 간언을 받아들여 그 사기를 진작시켜야 합니다." 전문관리의 역할과 위상을 스스로 존중하고, 왕도 더불어 존중해 주기를 과감하게 진언하는 꼿꼿한 관리들이 있었기에 왕이 제대로 왕 노릇을 할 수 있었다.

상대적 수준으로 이해

왕과 관리의 관계를 생각해 볼 때 실익이 있는 정책 소통이 이루어졌을 것으로 보기는 쉽지 않다. 왜냐하면 능력 있는 관리집단이 비판 이념에 충실한 유학적 마인드로 행정 업무를 집행한다 하더라도, 받아들이는 왕의 입장이나 태도에 따라서 다르게 수용되기 때문이다.

왕의 소통

관리들이 왕과 서슴없이 소통하는 제도를 갖췄다고 하는 것은 사회적인 이념이나 제도 자체에 비춰 볼 때 그렇다는 것으로 보아야 한다. 비록 이념적으로는 왕을 비판하는 역할을 맡았을지언정 실질적으로는 왕에게 협력하는 관계에 있었다. 국가·사회문화적 측면에서 관리집단은 직업적 책임성을 높이기 위해 왕과 소통하는 데 게을리 하거나 크게 제약을 받지는 않았다. 율곡 같은 대학자가 왕에게 이를 직언한 점에서 잘 알 수 있다.

또한 실제로 왕과 소통을 할 때 목소리를 높이는 집단적 이해 관련 사항이 어떤 것인지도 중요하다. 적어도 대표성이 높지 않았던 관리집단들이 왕, 백성, 관리들 사이에서 생겨나는 복잡한 이해관계를 반영해서 세부 정책 문제에까지 소통 활동을 전개했으리라고는 생각되지 않는다.

그러나 주요 사안에 따라서는 그때그때 왕과 관계 형성이 달리 이루어지지 않았을까? 주요 정책 사안을 결정할 때 긴장관계를 어떻게 해결하는가에 주목해서 살펴봐야 할 것이다. 왕과 관리는 책의 여러 곳에서 살펴보겠지만, '부드럽게 연결된' 관계였다고 본다. 왕의 지위가 상대적으로 약하고, 관리의 지위는 상대적으로 강한 관계에서 소통으로 해결하는 것이다.

예를 들면 성종은 언관과 끊임없이 긴장된 관계를 유지하면서도 언관제도는 발전시켰다. 독특한 업무 영역을 상호 존중하면서도, 또 다른 영역에서는 첨예하게 대립관계가 만들어졌다. 왕과 언관들과의 긴장관계는 균형을 유지하려는 소통 과정에서 생긴 관계이다. 역할 관점에서 보면 각자의 역할 본분을 다하려는 적극적인 태도라고 해석할 수 있겠다. 형식과 실질의 이중성이 충돌 없이 함께 발전하는 과정에서 어느 한 쪽이 부각되었을 뿐이다.

3. 정책 토론 방법

의정부, 고위 정책 토론기구

 토론이라는 말은 『조선왕조실록』에서 330회, 『승정원일기』에서는 1,730회나 찾을 수 있다. 정책 논제를 토론하는 자리는 찬성하는 편론便論과 반대하는 부론否論으로 나뉘어 치열했다. 토론 절차도 논제 정립—토론—최종 판정의 순서에 충실했다. 논제가 정확히 정립되면 판서들이 문제 해결 '계책'을 진술했고, 왕이 최종 대안을 결정했다. 이때 왕은 토론을 주재하지만 자신의 의견을 먼저 말하지 않고 중립을 지켜 토론을 활발히 진행하고, 토론이 끝난 뒤에 최종 판정을 내렸다.

 의정부는 정책을 최종 결정하는 최고 회의기구이다. 국가정책 전반에 걸쳐서 최고의 결정 형식인 조정 업무를 담당하는 정책 결정기구로, 정책 관련 소통기구 가운데서도 특별히 고위급 정책을 결정한다. 의정부 회의에는 영의정(총리), 좌의정(이조, 호조, 예조 감독), 우의정(병조, 형조, 공조 감독) 3정승이 참여한다. 모든 정책 의안에 대해 완전히 합의에 도달해야 결정이 이루어진다.

그 운영 방식과 참여 범위는 정치 상황에 따라 조금씩 바뀌었다. 왕의 성격과 능력에 따라서 정부 권력 구조에서 차지하는 비중에 차이가 있었다. 근세시대 의정부는 왕이 참여하는 정책 결정 구조로서 명실상부한 최고의 공식적, 대표적 기관이었다. 그러다가 근대에 이르러서는 비변사도 참여하도록 확장(1510, 중종 5년)되었고 삼사, 육조판서, 언관의 장, 관찰사, 문무 고관 등도 참여하도록 확대되었다.

우리는 관리와 왕의 관계 형성 과정 중 광범위한 의정부 참여 구조뿐만 아니라 회의 방식에도 주목해야 한다. 국가 중요정책은 합동 의결 방식인 '통의通議' 형태로 처리했다. 참여하는 삼상은 그 위계와 임무에는 차이가 있지만 합의를 위해서는 동등한 입장에서 의견을 나누는 형식을 취했다. 이것은 우리 행정 역사에서 매우 중요한 문화유산이다. 오늘날에도 흔히 중요하다고 이야기하면서도, 실제로 추진하기는 어려운 거버넌스를 실천하는 셈이기 때문이다.

그런데 중요한 정책 결정에서 전문성 보강을 위해 삼상만으로 부족할 때가 있다. 이럴 때는 그 기능에 따라서 문관, 무관의 당상관들을 더 확보해 참여시켰다. 육조판서는 물론 한성부 판윤과 훈련대장 등을 참여시킨 '확대 간부 회의'로 구성해 토의했다. 이로 인해 회의에 반영되는 의사는 매우 다양하고 문제해결적이었다(김운태, 1971). 또한 이때 해당 업무에 대한 결정은 담당 관리가 관련된 법제 실무 담당자인 사인舍人의 조언을 얻어서 추진했다.

소통 관점에서 보면 통의 형식에 의한 최고 의사결정 기능, 전원일치적 성격, 참여 폭의 확대 형식으로 추진하는 회의 방식은 현대사회에서 그토록 강조하는 민주적, 합리적인 정책 결정이었다고 보아 높게 평가된다.

이처럼 충분한 소통과 합의제로 정책을 결정하면서도 의정부는 계층적 소통 질서를 중시하는 조직을 갖췄다. 중추적인 정부기관으로서 의정부, 비변사가 자리하고 그 밑에 육조가 있다. 왕에 대한 자문기관으로서 홍문관이, 사법기관으로서 사헌부, 사간원이 참여한다. 또 왕의 비서실장인 승정원, 왕족 공신인 궁중관서 및 군사기관들이 참여하는 체계적인 조직으로, 안정성과 지속성을 유지하며 운영되었다는 점을 주목해야 한다.

시사, 전문관리와 정책 토론

경연과 더불어 정책을 논의하는 또 다른 토론장으로 시사가 있다. 시사의 역할은 두 가지인데, 하나는 정기적이고 공식적인 의례로 진행되는 정책 결정이고, 다른 하나는 정치이론의 강학을 위해 펼치는 경연으로 열린다.

기본 역할은 최고 결정권자인 왕이 정치 엘리트들인 고위관리들을 직접 맞이해 논의를 펼치고, 그 결과를 받아들이는 데 있다. 이처럼 정무와 강학을 함께 맡고 있다는 점이 특징인데, 원칙적으로 정책 그 자체를 위해 이루어지는 실무정책 과정으로 운영되었다. 정책 토론을 위한 경연의 운영 형식은 주로 강의 방식으로 전개된다는 점이 의미 있다.

시사는 매일 매일 시행하는 상참으로 열리거나, 매달 여섯 차례씩 열리는 차대로 이루어진다. 상참에 참가하는 대상은 의정부, 종친부, 충훈부, 의빈부, 돈녕부(이상 1품아문), 육조, 한성부(이상 2품아문)로 그 폭이 넓다. 여기에는 당상관 전원, 언관인 사헌부와 사간원에서 각 1명, 경연의 당상관 당하관 각 2명이 순차적으로 참석한다. 매일매일 시행되므로 공식적이고 의례적인 성격이 강하지만, 정책 결정기관과 언론기관이 참석한다는 점에서 상당히 폭넓은 정책 결정 기능을 수행하는 절차이다.

차대는 특별 회의 격인데 정책 토론을 위해 왕이 직접 참여해 정기적으로 챙긴다는 점이 특징이다. 오늘날 이른바 고위 정무 회의와 비슷하다. 그 참가 범위는 정책 결정기관인 의정부의 대신 및 정부 당상들이다. 회의 장소도 고위급 회의장인 빈청에서 열린다. 근세조선 초기에는 월 3회, 숙종 24(1698)년부터는 월 6회로 늘리며 폭을 넓혔다. 이 외에도 임시로 열리는 인견引見, 소견김見 등이 조선 후기에 소통 장치로 제도화되었다.

소통을 더욱 넓히려는 조치로 세종 때 윤대가 새로 추가되었다. 이는 기존의 언로를 확장, 보강하기 위해 만들어진 제도이다. 상참과 경연에 참여하지 못하는 관리들을 위해 돌아가면서 차례로 들어와 의견을 전달하고 듣도록 했다. 그 대상으로 문관 6품 이상과 무관 4품 이상의 관원이 포함되며, 참여하는 인원은 5명을 넘지 않았다. 윤대는 평소에 왕을 자주 만날 수 없는 중하급의 문무관원들이 왕을 만나는 기회였다. 따라서 조선 후기의 숙종·영조·정조 등은 이를 자주 열 것을 강조했지만, 자주 열리지는 않았고 정치·행정적인 면에서 큰 의미를 지니지 못했다.

이런 과정을 거쳐서 형성된 법령이나 정책은 상당히 신중하게 처리했다. 또한 법령, 정책을 담당 각 조에서 일일이 기록해 왕이 수시로 볼 수 있게 비치했다. 아울러 각 조에서는 이의 시행을 위해 소속 각사 또는 각 도 감사에게 통고했다. 직접 참여하지는 않았더라도 관련 정책에 관심을 갖고, 공동 인식하도록 배려한 것이다. 이를 이행하지 않을 때는 사헌부에서 규탄

함은 물론 승정원에서 암행어사를 파견해 이행 상황을 조사했다.

결국 시사는 광범위한 소통으로 정책을 결정하고, 동시에 왕과 직접 소통하는 방식이다. 각종 회의에서 산출된 성과는 결과를 낱낱이 기록해 데이터를 확보하고 뒷날 정책 자료로 활용했다는 점이 의미가 크며, 정책 토론을 중요하게 생각하는 소통 의지가 강력했음을 알 수 있다.

입법 소통

입법 과정에서 이루어지는 왕과 관리의 소통 가운데서 오늘날 입법 절차에 관한 검토와 비슷한 것이 있다. 새로운 법안의 제안권자는 주로 국왕과 중신인데, 절차상 왕이 참석한 어전 회의 또는 중신들로 구성된 중신 회의에 법안을 회부해 공동으로 논의했다. 그 후 사헌부, 사간원에 붙여 서경이라는 인준 절차를 거쳐야 했다. 이때 반대의 의견을 가진 중신들은 상소 또는 배알拜謁해 의견을 표현하거나 왕의 부름에 따라 나서서 자기 의사를 발표했다. 이 경우 왕은 함부로 신하들의 의사를 무시하지 못했다.

이러한 심의 과정을 거쳐 채택된 새로운 법안은 왕명에 따라서 예조가 해당 관청에 그 방법을 알려 시행하게 했다. 이때 왕명을 '교지敎旨' 또는 '전지傳旨'라고 한다. 이렇게 입법 절차를 빼놓지 않고 거치면서 정책은 세련된 내용과 공동 인식의 폭을 넓히며 적정 절차를 밟게 된다.

4. 지식집단과의 정책 긴장

조선의 관리집단은 우수한 역량을 갖추고 있었고, 이들 집단을 이끌어 가는 정부조직 또한 체계적이었다. 더구나 왕과 관리 간 권력 배분, 권력 균형, 권력 선용의 책임 확보를 이끌어 내려는 제도를 갖추고 있었다. 이를 기반으로 하는 법제도도 당시 수준에서는 관리 채용, 명령체계, 책임과 통제 부분에서 뛰어났다.

앞에서 언급했지만 그 시대 서구의 관료집단은 특정 가문에 대한 집사 역할을 하는 정도여서 공공성이 결여된 경영체 소속원에 불과했다. 하지만 근세조선의 관리집단은 의식 있는 집단으로서 토론을 거쳐 공공성에 근접하는 집약된 집단 의사표시 행동을 많이 사용했다.

조선시대의 관리조직은 매우 정교했고 수준 높게 운영되었다. 관리집단의 중심에 있던 사대부들의 사회적 위상은 실무적 노련함, 공공성 논리 무장, 높은 정치적 위상을 누리고 있었다. 그 같은 위상과 행동 때문에 더욱 개성 있게 발전했고, 당파적(이념적) 특성이 강한 집단으로 성장했다. 그 결과 상호 작용이 활발한 동적 네트워크와 관리조직 행태의 다양성을 받아들인 점이 두드러진 특징이다.

더구나 조선의 관리집단은 책임성이 높은 집단이었다. 책임이라는 말은 법적 책임, 윤리적 책임, 백성들을 위하는 위민 책임을 아울러 뜻한다. 공공성에 대한 높은 지식으로 충만되어 있었고, 유학 기반의 종합 학문에 식견을 갖춘 지식국가 리딩그룹이었다.

집단 네트워크 대립

왕은 세습적 정통성을 기반으로 왕권을 확보한 가운데 법적 권력에 비상상황이 발생했을 때는 초법적인 권력을 휘두를 수 있다. 아마도 관리의 권한을 축소시켜 왕의 뜻대로 지시감독하면서 정책을 집행하려고 했을 것이다. 한편 관리들은 왕에 비해 사례지식이 풍성하고, 집단지식과 행동으로 힘을 결집시킬 수도 있었다. 높은 유학의 가르침을 받아 자율 책임의식과 자부심도 유달리 강했다.

여기에서 네트워크화된 관리들이 집단으로 대응한다면 아무리 전제군주 시스템이라고 하더라도 언제 어디서나 왕권과 대립할 수밖에 없었다. 또한 각자의 권한을 활용해 역할을 다하려다 보니 자연스럽게 긴장이 생겼다.

왕은 다양한 협력과 의견 존중을 바탕으로 결정을 하지만, 직책 보전조차 위태로운 긴장이 함께 교차하기도 한다. 왕과 관리가 각자의 역할을 공동으로 인식하고 지속발전할 때 다양한 사회문화 발전이 생긴다. 그 과정에서 왕과 관리 각자의 역할 존중, 왕의 권위, 언관의 권력, 관리들의 집단 대응이 서로 얽힌다. '통제를 가하고 통제를 당하면서' 정책 과정에서 긴장이 생겨나는 것을 피할 수 없다.

전문관리와 왕의 관계는 기본적으로는 권력 주체로서 개체 간 상호관계를 정상적으로 유지시키는 것이 중요하다. 이 과정에서 협력으로 승화해 관계를 개선하거나, 경우에 따라서는 단절되어 관계가 악화되고 파손되기도 했다. 권력 주체의 개별적 관계에서 관리집단 네트워크 개념이 적용될 수 있을지라도 현대사회 관점 그대로 적용하기는 어렵다. 그러나 전제군주 시대에도 개체 간의 상호 작용으로 생겨난 동적인 네트워크는 사안을 이해하는데 여전히 중요하다.

왕과 관리의 상호관계가 불만족스러운 결과를 가져온다면 개체는 관계를 끊어버리고 다른 파트너와 관계를 맺어 유리하게 진행하려고 하는 것이 생태계의 속성이다. 그런 점에서 관리집단들이 실제로 개별적 관계로 작용했는지 집단적 관계로 작용했는지 검토해야 한다. 개체관계보다는 집단의 성장, 네트워크의 성장이 사회문화적 관점에서 더 중요하다.

문제는 개체 간 상호관계보다 관리집단 네트워크가 왕에 대항하는 갈등이 생겼을 때 더 심각해진다는 점이다. 예를 들면 관리집단이 자기의 역할을 다하려고 하는 과정에서 집단 결속을 가지게 되고, 유학이론의 해석을 놓고 집단 인식이 생긴다. 정책 안건 가운데서 유학이론이나 집단의 정체성에 연결되는 사항에 부딪치면 당연히 집단적 대립과 정책적 긴장이 생긴다.

관리들은 연합세력을 결성해 왕과 함께한 회의에서 결정된 사항을 논쟁하면서 연기하는 경우도 있다. 또 관리들이 서로 갈등을 일으켜 당파로 발전해 극한 대립에 이르면 왕권이 질서를 잡기 어려운 경우도 생겼다.

이러한 집단적 행동이 언관제도를 단절시킨 요인이 아니었을까? 현실적으로 보면 당시 일부 관리, 사대부, 지방 토호들은 왕권의 지배를 피하려고 온갖 꾀를 다 쓰며 대응했을 것이다. 왕의 입장에서는 통치권을 어느 정도 나누어 가진 지배층과 온갖 다양한 소통과 관계를 맺으며 국가를 운영할 수밖에 없었다. 왕은 이들과 소통하는 데 제약이 많았고, 관계 형성 방법도 한계가 있었다. 그런데 권력과 지식을 보유한 세력들은 각종 인적 네트워크를 통해서 관계를 형성하고 유지하면서 '네트워크화된 조직'으로 발전했다.

관리들의 집단 행동이 지나치면 정치집단으로 바뀌어 과격해지면서 유학의 가르침보다 자신의 이해관계에 끌려가게 되는데, 이것이 언관제도의 단절을 초래했다. 현대사회의 이익집단 활동 측면에서 보면 선도적인 소통 방식이었음에도 불구하고 이렇게 귀결되는 데 대해서는 비판적 논의를 해볼 필요가 있다. 더구나 모든 네트워크 기반 협력은 공진화 생태계에서 의미 있게 작용한다는 점에서 이를 좀 더 분석해 보아야 한다.

네트워크 강화

절대왕정이 가뜩이나 불안할 때 이러한 논리가 사회문화 저변에 당연한 것으로 여겨진다면, 왕은 소통은커녕 권좌유지조차 불안해진다. 이에 왕은 소통과 다양한 접근으로 통치 전략을 구상해야 했을 것이다. 왕의 입장에서 보면 언관 때문에 권한의 제약을 받게 되니 답답함을 느끼고 관리집단과의 마찰로 생기는 현실적 괴리감도 컸을 것이다. 왕의 명령을 받는 관리집단이 왕을 견제하려고 다양한 방법들을 사용했으니 당연하다.

왕도 이에 대응하기 위해 나름대로 네트워크를 형성했다. 왕이 의존할 수 있는 권력 기반을 가지고 네트워크를 강화하는 전략을 쓸 수밖에 없었다. 그 가운데 하나가 바로 종친들과 결합하는 방식이다. 왕은 왕실 인사의 기용, 왕의 외가인 외척 기용, 환관을 중용해 세력을 구축했다. 허약해진 왕이 끌어들인 친인척 세력이 바로 왕의 정책 네트워크가 된다. 이렇게 되면 왕은 혈연으로 무한충성을 확보한 뒤 동조집단을 만들 수 있고, 정치 활동에 필요한 세력과 재정을 확보하는 데 주력할 수도 있다.

하지만 이 방법들은 부작용을 가져온다. 약해진 왕권을 강하게 만들기 위해 친척이나 외척을 끌어들이면, 상대적으로 약해진 관리들이 또 다른 대항력을 키우기 마련이다. 왕의 전략적 대응과 관리집단의 긴장이 합리적 정책 과정에 갈등 요소가 된다.

그래서 관리집단과 왕 사이에는 긴장이 팽팽하게 이어진다. 여기서 밀리면 왕은 자리를 내줘야 하고, 관리는 목숨을 부지하기 어려운 상황으로 내몰린다. 관리집단에 밀려 막강했던 왕권이 몰락되는 장면은 세계사에서 많은 사례가 줄지어 서 있다.

조선 특유의 관리집단적 대응과 소통이 있었다면 이 점은 매우 중요한 부분이다. 적어도 유학지식으로 채워진 엘리트 관리들은 반대 명분으로 자기 이익을 내세우지는 않는다. 유학지식과 사례 데이터 속에서 따로 공공성 논리와 명분을 찾아 만들어 낸다. 유학에서 찾은 고차원적인 공공국가 경영 이념을 강조하는 방식이었다. 그런 생각들은 당시 사회의 지배 이념이었고, 사회지도층 모두가 공동으로 인지하던 바였기 때문에 공감대 형성에 절대 유리했을 것이다.

결국 언제나 위험에 노출되어 있는 왕은 왕권 유지를 위해 권력자본을 만들어 보지만, 이래저래 관리와 마찰을 피하기는 어려웠다. 왕과 관리가 다양한 전략을 쓰지만, 절대왕정은 결코 절대 안정적인 것만은 아니었다는 역사적 교훈을 얻는다.

제약을 넘는 소통

근세조선의 왕과 관리의 관계에서 특이한 것은 주체들의 행동이 특정화되어 집단이 주체적으로 역할을 전개한다는 점이다. 또한 각각의 주체가 상호 협력과 민본주의를 염두에 두고 실천적 활동을 펼쳤다. 따라서 새로운 주체적 역할과 질서를 창조해 결국 기존의 활동 주체가 재배치되어 제도 발전으로 이어졌다.

언관은 역할 책임에 무한 충실해 왕의 공적·사적인 모든 행동에 관여했다. 왕이 성인군주의 길에서 멀어지면 국가의 비운으로 연결되기 때문이다. 이를 위해 조기교육인 경연에서부터 자연스럽게 행동에 간여했다. 왕은 군주이기 때문에 언관의 가르침을 존중하고, 지적을 겸허히 받아들이고, 사실에 바탕을 두고 지적사항에 대해서는 고쳐야 했다.

결국 왕의 다양한 소통은 왕의 한계를 뛰어넘는 몇 가지 필연적인 기회를 만들어 준다. '궁궐'이라고 하는 공간적 제약을 뛰어넘었으며 극히 제한적으로 이루어지던 대면적, 인적 접촉 제약을 넓혀 결국은 활동의 범위를 확대할 수 있었다. 왕이 업무 판단 제약을 넘어 전문가의 의견을 청취하고 소통할 수 있는 기회를 만들어 낸 것이다.

하지만 관리가 역할 책임에 충실하다고 해도 왕권을 굴복시키거나 적극 억압하는 방식은 유학 이념에 맞지 않아 거의 이루어지지 않았다. 책임 있는 관리는 유학 이념에 따라서 보수적인 방식으로 목적을 이루되, 현실정

왕의 소통

치에서까지 완벽하게 조정하려고 나서지는 않았다(김영민, 2012). 따라서 권력 투쟁이라기보다는 왕의 제약을 뛰어넘는 소통이며, 왕과 관리의 협력 소통으로 해석하는 것이 더 자연스럽다.

그렇다면 왕과 관리들이 서로 정책적으로 대립되고 부딪치는 이유는 무엇이었을까? 기본적으로 역할 분담과 책임 충실에 따른 것이라고 앞에서 이야기했다. 왜냐하면 왕은 언제나 국정의 중심에 자리하고 있었고, 왕을 정점으로 중앙집권적인 형태로 왕권이 유지되었기 때문이다. 왕의 통치 범위도 당연히 광범위하게 펼쳐져 국정을 효율적으로 운영하는 시스템은 잘 갖춰져 있었다. 오랜 관리제도와 세련된 채용 절차에 따라 선발된 고급 정책관리들은 왕과 정책적으로 소통하면서, 다른 한편으로는 통제의 끈을 놓지 않았다.

정책 긴장

특히 어떤 상황에서 왕과 관리들이 정책 긴장과 대립관계를 갖게 될까? 우선 국정을 개혁하려고 할 때 서로 소통이 막히고 긴장이 생겼다. 물론 그 밖의 여러 가지 상황에서도 관리들이 반발했지만, 결국은 권력을 '선용'해 국가를 제대로 갖춰야 하기 때문에 생겨난 일들이다. 우수한 관리들이 개혁 정책을 제시했는데 왕이 반대 입장에 서 실제로 채택되지 못하는 경우가 많았을 것이고, 그렇기 때문에 '아니 되옵니다'를 외쳐댄 것이다.

어디 그 정도에만 그쳤을까. 경우에 따라서는 급진적인 관리가 국정 운영의 근간에 영향을 미칠 정도로 개혁을 주장하면 왕의 권력과 왕권 보위에 민감한 사안으로 간주되어 소통은 끊기고 대립은 심각해졌다. 결국 큰 문제로 쟁점이 되고 이슈가 되면서 '지식의 저주'에 이어 인적인 희생으로 이어지기 쉬웠다(김용덕, 1976).

무한에 가까울 것으로 생각되지만 왕의 실권은 사실상 제약이 많았고, 화려한 왕관의 무게로 감당하기 어려운 일을 마음먹은 대로 하기도 쉽지 않았을 것이다. 실제로 막강한 권력을 휘두르며 지낸 왕은 드물었다. 자기 세력을 넓히는 확장 전략을 펴거나 왕족을 연계해 왕권을 보전할 정도라면 관리와 원만한 소통이 이미 어려운 상황이다.

이러한 상황에서 정책 긴장을 피할 수 없다. 극한 대립과 긴장에서 소통의 길을 트는 첨병은 아무래도 언관들이다. 하지만 언관이 역할에 충실하게 간쟁을 벌이는 데는 당연히 제약이 있었다. 그것은 언관 자신들의 문제, 당쟁과의 관계에서의 문제, 왕권과의 관계에서 발생하는 문제 등이다. 언관들은 스스로 간혹 주관적이고 과격한 언론을 펼쳤다고 말했다. 더불어 일부 연구자들은 간쟁의 한계를 넘어서 언관 상호 간 헐뜯기도 했다는 비판을 했다.

이런 관점에서 언관제도가 조선시대 당쟁의 원인이 되었다는 견해도 있다. 영조 때 이중환도 당쟁을 일으킨 주체는 전랑銓郎이고 그의 손발이 되어 움직인 것은 삼사라고 말한다. 언관의 권한을 너무 중시한 것이 당쟁의 원인이라고 『택리지』에서 직접 주장했다. 이와 관련해서 삼사를 중심으로 하는 유학의 정통파인 신진 성리학자들이 정치적 구세력에 대립하는 것이 당쟁의 기초가 되었다고 말하기도 한다. 권력의 저주와 지식의 저주가 막장드라마 한 편으로 나타나게 된 것이다.

그런데 사실 당쟁의 원인으로 왕과의 관계나 소통 장치 외에 너무도 많은 사연들이 논의되고 있으니 언관제도와 관련해서는 깊이 검토해야 할 것

왕의 소통

이다. 사학자들이 당쟁의 원인으로 거론하는 키워드만 나열해도 인사제도, 서원제, 노소간의 마찰, 사회경제제도, 중문주의, 장구한 평화와 격리, 유교에 대한 고집, 주권의 약세 등 10여 가지나 될 정도로 많다(정옥자, 2012).

결국 관리들도 왕과 소통하기 위해 역사적으로 의미 있는 소통시스템들을 활용했다고 해석할 수 있다. 이는 오랜 역사적 사회문화에 뿌리를 두고 점진적으로 발전된 사회문화시스템이다. 제도 형성 과정에 영향 요인과 구조기능적 요인을 감안한다면 기존의 제도를 능동적으로 관리하기 위한 활동이었다고 해석할 수 있다. 결국은 전에 없던 사회를 디자인해서 '적응지형도'를 만들어 보려는 노력이므로 역할 책임 충실이 갖는 의미에서 새겨봐야 한다.

왕과 관리들의 정책 긴장관계를 보면서 특히 조선시대 국내적인 사회문화 역사의 전개에서 새 정치 주체로 등장한 그룹들의 시스템적 활동에 주목해야 한다. 이들은 '사림'이라고 불리며 독특한 네트워크를 갖췄다. 더구나 뒤에서 살펴볼 지식국가로서의 조선에서 관리가 단순한 '테크노크랫'으로서가 아니라 '전인격체적인 관리'로서 갖춰야 할 점을 꾸준히 수양하고 학습해 온 집단이라는 점이 두드러진다. 더구나 절대군주인 왕과 지식관리 사이에 서로 책임성을 확보하려는 '관계 맺음'은 권력 투쟁이 아니라 권력 선용을 위한 장치인 권력 균형 확보를 책임 있게 이끌어 가려는 행동이다.

이 역시 현대사회의 관료제시스템 구축에 골격을 이루며 내려오고 있다. 관리집단이 목숨 걸고 외친 '아니 되옵니다'는 요즘 실종된 말이지만, 우리 민족에게는 잠재적 DNA이다. 현실 직시 없이는 미래 담보도 없으므로, 지금 우리는 미래 '소셜디자인 전략'의 주요 항목을 찾는 작업이 필요하다. 그러한 소중한 가치를 찾아 내고, 법고창신의 정신으로 새롭게 발전시켜야 할 것이다.

당시 지식집단인 관리집단의 자기 역할 인식이 매우 높았다고 본다. 관리집단에서 지식의 형성과 작용이 어떻게 이루어졌는가, 사람들 사이에 이러한 문화적 지식이 어떻게 분포되어 있는가를 생각해 보아야 한다. 더불어 집단의 구조, 집단 내 교류의 방식, 지식의 종류 또한 중요하게 살펴볼 과제이다.

6장

지역돌봄 소통

그들이 진실로 옳다면 임금님께서 무엇 때문에 저를 어사로 보내셨습니까. 이들을 총애하고 비호함을 방치해 이와 같이 방자했습니다.…

이미 탄로되어 어사의 보고서에 올랐는데도 끝내 아무 처벌도 받지 않는다면, 장차 날개를 펴고 꼬리를 치며 양양해 다시는 자중하지 않을 것입니다.…

법의 적용은 마땅히 임금의 가까운 신하로부터 시작해야 합니다. 이 두 사람을 속히 의금부로 하여금 법률에 따라 형벌을 내리게 해, 민생을 소중히 여기고 국법을 높이신다면 참으로 다행이라 하겠습니다.

-암행어사 정약용의 상소문(「경근어사복명후론사소」)

1. 민생 소통 채널

권한 대행 암행어사

근세조선 때는 전국을 팔도로 나누고 요즘처럼 그 밑에 부·목·군·현을 두었다. 각 도에는 중앙에서 파견된 관찰사가 도내 수령을 감찰하며 중앙과 소통했다. 중앙관리들을 감찰하는 사헌부의 대사헌이 있듯이, 지방에는 관찰사가 이 같은 직위와 특권을 갖고 지방행정을 이끌었다.

지방행정관인 수령은 주민들의 삶과 직접 관련된 민생을 돌보는 일을 맡아 처리했다. 수령은 지역사회가 원활하게 움직이는 데 필요한 기본 운영 책임을 가졌다. 명시적인 수령의 역할은 7가지七事인데, 주로 농사와 양잠업의 흥성, 호구 증가, 교육 진흥, 군정의 정비, 부역의 균등, 소송의 간소화, 간사하고 교활한 무리가 없게 관리하는 것 등이다(『경국대전』 이전 고과). 현대사회 기준으로 보면 기본적인 생산 활동 지원, 주민 실태의 파악, 생활

돌봄 행정, 지역사회의 치안 유지 등에 해당되는 업무이다.

이렇듯 현대사회 못지않게 조직적·체계적인 구조와 역할을 갖췄지만, 교통과 통신이 미약했던 당시 중앙에서는 지방의 소통과 관리가 늘 과제였다. 그래서 직접 살필 수 있는 관리 감찰 방법을 마련했다.

당초에 지방 주민들의 삶을 살펴보거나 지방을 감찰하러 갈 때는 사헌부에서 분대分臺라는 임시아문臨時衙門을 두었다. 중앙에서 분대, 행대行臺 또는 행정 감찰을 각 도에 파견해 지방행정을 감찰하게 한 것이다(강병근, 1964). 그들은 왕이 지정한 특별 업무를 처리했다. 직책은 그리 높지 않았으나 고위직을 모두 감사하는 특권을 갖고 있었기 때문에 지방관리들에게는 매우 엄격하게 활동할 수 있었다.

이때 중요한 기본 업무를 성인군주가 백성을 대하듯이 대신 소통했다. 또한 민간의 이해에 얽힌 문제나 수령이 저지른 비리를 밝히고, 권력을 남용하거나 함부로 휘두르는 것을 막았다. 어떤 때는 중앙의 관리를 비밀리에 임명해 탐관오리를 적발했다. 또 지역사회의 보건위생을 체크하면서 병자의 상황을 조사해 보고했다.

그 후 분대의 활동을 강화한 암행어사제도를 마련했다. 암행어사를 지방에 파견해 주민 생활 모습을 살펴보며 지역사회의 질서를 바로잡는 기본 역할을 수행하게 했다. 이렇게 왕은 감찰 결과를 보고받으면서 주민 실태를 파악하고 간접적으로 소통했다. 조선시대 암행어사제도는 이처럼 그 역사적 뿌리가 매우 명확하다. 뿐만 아니라 역할이 처음부터 선명했고 한동안 점차 세련되게 발전했다.

암행어사의 형식적 업무는 광범위하다. 주로 지방행정 현상의 실태 파악, 지방관리에 대한 상선벌악賞善罰惡, 직무위반 유무, 문무관리의 침체나 부진 파악, 엄격한 국법 집행, 불미스러운 일 탐색, 여론조사, 인정 실태 파악 등을 맡았다. 하지만 실질적인 임무는 왕이 부여하는 항목에만 한정되었다. 근본적으로는 비위 사실을 적발, 징계하고 민생의 질병을 살피는 등 실질적인 현안을 해결하려는 소통 방법이었다.

암행어사의 임명 자격은 까다로웠다. 원칙적으로 과거에 합격한 나이 어린 신진 청년들이었다. 그 성격이 강직하고, 풍채가 수려하며, 학식이 풍부한 이를 당하관(정3품 이하 9품까지)으로 임명한다. 이처럼 자격을 엄격하게 규정한 것은 사회풍조에 젖지 않고, 매수나 정실에 좌우되지 않는 순수한 인물로 선발하기 위해서이다.

주어진 권한은 막강했다. 임무 수행 중에 처리할 사안이 생겼을 때 실제로 직접 처리하는 직단直斷권을 갖는다. 구체적으로는 직을 그만두게 하는 봉고파직封庫罷職권, 곤장을 때리는 결장決杖권, 유림의 진정과 건의를 접수해 왕지王旨를 달아 처리할 권리 등을 갖는다. 위임받은 왕의 권한을 그대로 실천해 지역민들과 소통하는 방식이다.

활동 임기가 끝나면 암행어사는 반드시 왕에게 그 결과를 보고해야 했다. 한 통의 서계書啓와 별단別單이라는 보고서를 작성해 제출했다. 서계에는 전현직 관찰사와 수령의 비위나 치적 내용을 구체적으로 기록했고 별단에는 자기가 보고 들은 민정 실정과 숨은 미담 등을 기록했다.

홍문관이 암행어사 노릇도?

홍문관이 한때(성종 13년부터)는 암행어사로 파견된 적이 있었다. 지역의 문벌들이 노비 문제로 다투는 일이 생기자 이를 해결하려고 나섰던 것이다. 원래 홍문관의 역할은 왕을 교육(경연)하거나, 시험 문제를 내고(발책), 정치 현안을 논의하는 것이었다. 그럼에도 이처럼 지방관리의 활동을 규율하기 위해 암행어사로 나아 가고, 왕과 소통을 이어 가게 되었다. 암행어사 활동이 언관 활동과 비슷하다고 보았기 때문이라고 생각된다.

암행어사제도는 사회문화적으로 큰 의미를 갖는다. 우선 중앙과 지방행정, 왕과 민중 사이에 필요한 소통을 제도화했다. 왕이 특명으로 직접 파견했고, 특정 역할 수행을 위임해 실질적으로 그 권한을 행사할 수 있었다. 또한 지방 소통을 확대해 위민 공감대를 형성했고, 왕이 지방과 간접적으로 소통할 수 있게 했다. 애민정신으로 지역 거주민들을 대하는 왕의 소통 메신저였던 것이다.

실제 운영 실태를 보면 암행어사는 「중종실록」에 기록이 처음 등장(1525년)하고 인조 이후부터는 더욱 자주 파견되었다는 것을 알 수 있다. 파견 횟수를 보면 인조 때는 27년 사이에 70차례, 전체적으로는 348년간 613차례를 파견했다(고석규, 1999). 점차 세월이 지나면서 암행어사가 중앙과 지방 사이에 소통을 확대하는 데 끼친 영향은 확실히 컸다. 그래서 암행어사를 '조선왕정의 광명'이라고까지 묘사할 정도였다(『성호사설류선』 상 암행어사조).

이처럼 좋은 취지를 가졌던 암행어사제도는 계속 발전해 공진화되지 못했는데, 그 이유는 무엇일까? 일단 암행어사제도 자체에 한계가 있다. 파견 목적에 맞게 해당 지역을 결정하지 않고 왕이 제비뽑기식으로 정했고, 모든 지방행정에 일반화해 적용할 수 없었다. 암행어사는 봉서封書에 명시되어 있는 사안만 제한적으로 조사할 권리를 가져 연관된 사건 전모를 파악하는 데 한계가 있었다.

또한 실제 활동을 하면서 적발한 자들이 대개 현직이 아닌 전직 수령이었다. 현직 지방관에 대해 바로 조치를 하기보다는 간접적·사후 적발 수준에 머물렀기에 실질적인 소통 효과는 그리 크지 않았을 것이다. 더구나 나중에는 암행어사 자신이 변질되어 엄정한 감찰 활동을 하는 데 한계가 생겼다.

이 때문에 뛰어난 당초의 취지를 살려 실질적으로 운용하지 못했다. 또 하나 뼈아픈 문제는, 조선 중엽에 당쟁이 격화되었을 때 암행어사가 당쟁의 도구로 이용되었다는 점이다. 교통과 통신이 발달하지 못해 필요한 제도였지만, 운용상의 한계 때문에 이 좋은 취지가 더 크게 진화되지 못했다.

민원 해결

근세조선의 정치 이념과 사회 질서의 주류를 이루는 주자학적 정책 기조 속에서 민생의 어려움을 구제하기 위한 소통 경로까지 구축하는 것은 쉽지 않았다. 조선 역사에서 민생 문제는 사실상 중후반기에 이르러 실학이 등장하면서 이용후생을 위한 소통으로 겨우 거론되기 시작한다.

또한 왕, 신하, 지식계층 간의 소통이 제도적으로 마련되어 실제로 작동했음에도 불구하고 지방에 사는 생산계층끼리는 수직적·수평적 소통이 별로 없었다. 그들은 토지를 경작하는 생산 활동을 담당해 산업 경제 측면에서 중요한 존재였지만, 사회 역할 측면에서는 제대로 대우받지 못했다. 사회 구조의 본질과 계층 간 연계 가능성을 보면 이런 폐쇄적인 사회 구조에서 기술의 전수나 협력적 소통이 어려운 것은 당연하다.

더구나 경작을 반복하면서 땅이 황폐해지니, 생산력은 점차 감소되고 생활도 피폐해졌을 것이다. 양반 인구는 증가했으나 이들은 소비계층일 뿐이어서 사회 생산성 증대에 기여하지 못했다. 이처럼 토지경제의 확대재생산이 어려워지고 지역의 사회 구조 격차가 커지는 환경에서 소통 장벽은 오히려 높아졌다.

지역사회가 이처럼 민생을 구제하지 못하고 열악한 상황에서 헤매고 있으니 사회적 교화, 소통관계, 관계 발전을 위한 교류와 소통은 당연히 원활하지 못했다. 설득력도 없고 현실적인 성과도 나타나지 않으니 일반 백성들의 입장에서는 해당 지역 수령이나 왕이 그저 원망스러울 뿐이었다. 민생경제에 설득력을 가지지 못한 유학도 사회문화의 정신적 기둥으로서의 위치가 흔들리게 되었다(김운태, 1971).

지역행정 업무를 담당하는 수령은 지역 주민들의 생활 수준 유지의 최종 책임을 지는 위치이다. 수령은 그 책임을 부드럽게 수행하는 데 필요한 규약을 마련했다. 향리 통솔의 임무와 양반들의 소통 유대를 강화하기 위해 향청향약鄕廳鄕約을 발전시켰다.

향약은 원래 가까운 이웃 사람들이 만든 일종의 조합조직이었다. 여기에서 조합원 상호 간의 권선징악과 돌봄, 상호 부조를 위해 규약을 만들어 협정한 것이다. 그 후 조합 자체를 아예 향약이라고 불렀다. 그러다가 지방자치적 성격을 지니게 되면서 주민이 참여해 소통하는 채널로 발전했다. 사회문화나 경제적으로 어려워진 지역사회에 활력을 일으킬 채널로서 만든 자발적 향약 규정이 참여 통로를 열어 준 것이다.

수령은 토착 향반을 지역 주민의 지도자 역할을 하는 향임鄕任으로 임용해 고문 또는 보좌역으로 삼고, 관내의 감찰과 민의 소통 임무를 맡게 했다. 한편 지방의 명망가나 전직품관前職品官들은 나름대로 유향소留鄕所 또는 향소鄕所를 만들어 자발적으로 풍기를 단속하고 향리의 악폐를 막는 자치조직 활동을 펼쳤다. 이런 활동을 바탕으로 중소지주층이 나서서 향촌의 질서 유지와 소통 역할을 맡았다. 결국 이는 주민들이 서로 소통하면서 미풍양속美風良俗을 진작시키려는 데 활용되었고, 현대적 개념의 사회관계자본을 구축하는 데도 기여했다. 덧붙여 지방 향촌의 자치적 기능을 수행해 지역사회 발전에 기여한 것도 그 의의가 크다.

중앙에서 떨어져 접근이 어려웠지만 지방 내에서는 이처럼 나름대로 내부 소통 경로를 가지고 상호 의존하며 소통이 유지되었다(김영민, 2012). 더구나 역할 책임자가 자기 역할을 제대로 하는지를 주민 자치적인 자율통제로 확인했다.

그에 더해 활동 책임을 다할 수 있도록 다양한 제도를 갖추었다. 해당되는 곳에서 자세히 보았겠지만, 근무하는 기간을 엄격히 제한하는 임기제, 자기 출신지 또는 일족의 출신지에 부임할 수 없게 하는 상피제를 엄격히 적용해 중앙에서 소통하면서 인사를 관리했다. 무엇보다 토착관리들의 직권남용을 막고 관리의 도리를 바로 잡아 국가 질서를 다잡으려는 의도가 컸다.

또한 임기가 끝나면 해유라는 회계감사를 해 책임과 성과를 명확히 확인해 주었다. 해유는 지방관의 역할 수행 성과에 대해 감사하는 것인데, 회계 책임성을 확보하는 소통이다. 또한 포폄, 고과를 제도화해 근무태도를 평가했다. 포폄은 1년에 2회, 고과는 매년 말에 수령이 담당하는 7가지 업무를 기준으로 작성해 이조에 보고했다.

지역 소통 경로는 왕권을 강화하는 것과 동시에 지방관의 책임을 강화하고 소통을 끊거나 반란을 일으키지 않도록 역할을 관리감독하는 제도로 운용되었다. 중앙정치 관점에서는 지방세력의 비대화를 막고 책임행정을 확보호하기 위해 제도를 갖춘 것이다.

왕의 입장에서 보면 지방은 중앙에서 멀리 떨어져 있어 생각보다 소통하기 어려웠다. 억제하면서 소통을 지속하려는 장치의 한계가 있었을 것으로 이해된다. 중앙은 문관이 관직을 맡고 있어 자연스럽게 문치조직으로 고도 집권화되었다. 이는 왕의 입장에서 이들과 소통 방식을 함께하기 쉬운 것도 있지만, 무인들이 지방세력과 내통하는 것을 견제하려는 뜻도 담겨 있었을 것이다.

향토사회에 익숙한 향리들은 행정 능력에서 점차 실무적 정통성을 인정받게 되고, 사회적 관계 형성에 자연스럽게 나서게 되었다. 그리고 점차 사회관계 맺기, 사회적 자본 형성에 기여했다. 그러나 이러한 문인 중심의 지방행정체계가 지속되면서 지역사회가 정체되었고, 사회·경제적 활력도 생기지 못했다는 논의도 있다.

2. 지역의 문화공동체

사다리 선비공동체

지방에 살던 선비, 사대부, 사림은 지역의 사회문화를 활성화시킨 주체로서 조선 역사에서 중요한 특징을 갖는다. 여기서 말하는 선비와 사대부는 사실상 같은 개념으로 보며, 사림이란 이들을 뭉뚱그려 집단적 복수를 뜻한다.

선비는 신분상으로는 양인이고, 농촌지방에서 대부분 중소지주층의 위상을 갖는다. 생산적인 경제 활동보다는 사회문화적 활동을 많이 했는데, 유학의 가르침을 지역사회에서 실천하는 데 주력했다. 그들은 선비로서 수기修己하고, 대부로서 치인治人하는 수기치인을 행동의 준거로 삼는다. 이른바 학자관리인 사대부가 되는 것이 개인적인 활동 목표였다.

이들은 또한 모든 생활에서 조화와 균형감각을 주요하게 여겨 중정中正

의 상태를 지키며, 불편부당하게 일을 처리하려는 가치관을 지닌 '생활인'
이다. 흑백논리나 양극으로 나뉘는 행동을 지양하는 태도를 꿋꿋이 지키는
높은 정신의 소유자들이었다.

이런 행동 기준을 지키며 활동하는 선비는 인간관계나 민생 활동에서도
독특한 입장을 갖는다. 삶의 태도는 호화롭지 않고 청빈하며, 그 가치에 충
실한 검약 생활을 미덕으로 존중했다. 아마도 물산이 풍요롭지 않던 시대
에 어쩔 수 없던 생활 방식이었겠지만, 이를 정신적 가치로 내세우고 사회
전반의 공통가치로 자리 잡게 하려는 유학의 가르침을 실천했다. 모두가
가난했기에 가난을 불편하게 여기지 않고, 그 가운데서 도를 즐기는 마음
다스림의 여유와 생활문화를 누린 것으로 보아야 한다.

사람들의 소통 밑바닥에는 인간의 기본 욕심을 스스로 이겨내는 자기관
리 노력이 체질화되어 있다. 본래의 기본적인 예법으로 돌아가는 극기복례
克己復禮를 실천하며 자기를 관리한다. 그리고 모두가 함께 살아가는 공존
공생의 철학을 갖춘 공동체를 귀하게 여긴다. 더불어 자연 질서에 맞춰 사
는 천인합일天人合一의 정신을 숭상한다. 하늘과 같은 자연 섭리를 인간 존
재와 맞춰서 하나로 이루어 가는 경지를 최고로 치는 삶의 모습이다. 농촌
에 더불어 살면서 자신부터 맑게 유지하려고 남을 불편하게 하지 않는 공
동체 사회문화적인 삶을 살았다.

사회문화 발전에서 '관계 맺기'는 소통 네트워크 구조 형성에 중요하다.
양반중심사회에서 선비들의 관계 맺기는 오늘날 말하는 사회관계자본의
형성과 사회가치 창출에 영향을 미친다. 양반사회에서 혈통, 가문, 문벌을
존중하다 보니 주로 태생적·원초적인 조건 범위 중심으로 관계 형성이 이
루어진다. 양반층끼리의 관계 맺기는 같은 계층의 혈통 유지와 교류를 위

해 오랫동안 이어져 왔다. 결국 양반의 수가 늘어나 지배층의 사회적 기반으로 확고하게 자리 잡게 된다.

이러한 관계 소통 방식은 인간적인 관계에서부터 사회적 활동에 이르기까지 폭넓게 또 다른 장벽을 만들어 내기도 했다. 그러다 보니 사회 전반에서 가동할 만한 인재층이 제약받고, 사회 에너지가 다양하게 생성되지 못했다. 이런 지역사회에서 소통은 주로 그들끼리 이해관계 보호를 위해 이루어졌다.

선비들은 공공성 개념을 사회에 확산하고 주민들을 대상으로 사회교육에 매진하며 다양한 사회문화 역할을 했다. 관직을 지냈거나 관직 없이 지낸 선비라 할지라도, 지역사회에서 모범이 되는 행동을 하면서 사회 공공성을 확산시켰다.

한편 씨족끼리 모여 사는 집성촌의 문중에서는 조상들을 숭배하고 사회활동의 모범적인 기준으로 생활문화 프레임을 형성했다. 후손들은 그들을 존경했다. 또한 서원에 배향된 존경하는 인물들을 롤모델로 해 무엇보다도 사회 공공질서의 본보기를 형성하는 데 기여했다. 서원은 국가와 협력관계로 운영되면서도 대부분 중앙정부로부터 독립된 운영이 가능했다.

또한 학교와 비슷한 역할을 하는 사회교육기관으로서 지역 주민들의 자율성을 높이는 교육을 지속적으로 추진했다. 이들은 이기적인 활동으로 부를 축적하거나, 전문 분야에서 사적 경영 활동으로 존중받은 것이 아니다. 평상시의 사회 정의나 외세에 대항할 때 솔선수범하던 공공활동 때문에 존경받았다.

소통 매개 역할

지방관리들은 매우 제한된 범위에서만 사회 활동에 참여했다. 말단 행정 실무자로 전락해 사회 활동 진출이 어려워졌고 결국 중인 기술자층, 아전이나 하급 무관은 그 직을 세습했다. 형식적으로는 넓은 의미에서 양반으로 볼 수 있지만, 중요정책 결정에 참여해 의견을 개진할 수가 없었고 실질적인 역할도 갖지 못했다. 하지만 이들이 사회계층 간 소통 사다리 역할을 맡았다는 점이 중요하며, 나중에는 마침내 지역의 지배층으로 자리 잡게 된다.

그 밖에도 중인들의 사회문화적 역할 덕분에 지역사회의 내외부 관계가 다변화된다. 중인들은 대외 국제관계에 필수적인 역관, 개인 무역으로 부를 축적한 자, 의료기술자, 화원, 관상감원 같이 전문 기술을 기반으로 사회 활동에 참여했다. 이들의 참여 증가로 기술 기반의 전문성이 싹트고, 사회 여러 분야에서 새로운 관계를 맺는 소통 매개 역할을 해냈다.

소통의 대상에서 배제된 채 생산 활동을 담당했던 상민이나 중인집단의 사회문화 활동은 거의 없었다. 지배층의 활동 에너지를 공급해 주는 농민, 공장, 상인들은 크게 상민 범주에서 벗어나지 못하고 새로운 사회관계도 맺지 못했다(이기백, 1980). 이 때문에 사회·경제 에너지가 확산되지 못하고 위축될 수 밖에 없던 것은 안타까운 현실이었다.

이를 안타깝게 여겨 나중에 양반 지도층 가운데서도 정도전 같은 학자는 농민을 도덕적으로 교화해 이상국가를 실현할 꿈을 꾼다. 당시 양반들의 관계 맺기 폭을 상민에게까지 넓혀야 한다는 놀라운 진취적 생각도 있었다. 이는 실제 신분 차별을 없애자는 뜻도 있었지만, 양반들이 폭 넓게 관계를 형성하며 사회문화 에너지를 창출하자는 데 있다고 보아야 한다.

중인에 대한 부당한 인식은 균형 잡힌 사회 소통에 지장을 주었다. '관계의 의미'를 찾는 관점에서 보면, 중인들에 대한 사회적 규제나 제약은 결국 양반들의 신분강화 내지 유지를 위한 진입장벽 만들기였던 셈이다. 국가의 시험제도가 중요하다 보니, 인재 발탁의 순기능과 함께 양반층의 진입장벽으로도 변용된 것이다.

과거시험이 제도상으로는 천인을 제외한 모든 양인에게 개방되어 있었으나, 실제로는 일부 양인들도 제약을 받았고 시험을 보더라도 합격을 기대하기 어려웠다. 형식적인 제도와 실제 운영에는 차이가 있었다. 사민일치士民一致라고 하는 유학 가르침에서 나온 법이기 때문에 제도화되었을 뿐이다. 하지만 일단은 나름대로 법제도의 발전으로 해석하는 것이 적절하다고 본다.

3. 사림의 교육문화 활동

지방의 인력 양성 교육은 지방관리가 준수해야 할 행정규칙으로 수령칠사에 포함되어 있어 공교육시스템으로는 훌륭한 제도였다. 다만 이것을 청백리 선정의 기준으로도 사용해 관리가 학교를 세우는 일을 잘 했는지 평가하는 성과 체크리스트에 포함시켜 형식적으로 운영된 점이 아쉽다.

행정 책임자인 수령은 마땅히 지방 인력 양성에 힘써야 했다. 이 같은 상징적인 공교육 철학은 당시 사회·경제 실정을 감안하면 매우 높게 평가할 만하다. 지방의 공교육과 사교육 이념은 어떤 일이 있어도 자녀 교육은 시켜야 한다는 가치관을 만들어 주었다.

더욱 뜻깊은 것은 지방의 사림 엘리트들도 이에 덧붙여 교육발전에 힘 쏟았다는 점이다. 그들은 자치 능력이 훌륭했고, 주민들에게 자치 능력 함양을 위한 다양한 교육을 전개했다. 그 결과 지역자율성이 매우 높아졌다.

조선시대의 유생들은 교육으로 다져진 '고귀한 정신'을 지닌 조선사회의

지도급 리더들로서 손색이 없었다. 유생들은 성균관에서 높은 문화인식을 바탕으로 올바른 인간의 모습을 배우고, 공동체 생활을 체득했으며, 교육 학습 방법도 익혔다.

또한 집단생활에서 배운 행동 양식을 실천하며 지식집단끼리 교류할 기회가 많았다. 유생들은 정책 공공성을 체계적으로 학습한 집단이다. 당시 성균관의 교육학습 커리큘럼은 상당 부분 오늘날의 정책학 관련 교과서와 같다. 학습의 대부분이었던 유학은 오늘날 기준으로 보면 정책 철학이었다. 이 과정에서 공공성 학습과 공공사회 리더십을 배웠다.

유생은 조선사회에서 지식계층으로서 '정신의 귀족주의'를 지향하던 집단이다. 민주주의가 발달한 현대사회의 정책 형성과 집행 과정에서도 당연히 귀 기울일 수밖에 없는 민본주의 가치관을 당시에 그들은 학습했고 가슴 깊이 지녔다. 유생들이 지향하는 바는 '사회적 권력'을 기반으로 '훈련된 고귀한 정신'을 펼쳐 이를 새로운 권력으로 키워가려는 것이었다. 옳고 그름을 판단 기준의 맨 앞에 내세웠던 그들은 권력보다는 문화력을 바탕으로 생활했다.

결국 유생들은 '문화자본'이 풍부한 집단으로 성장하면서, 미래 권력이라는 자부심과 국가 공공성 인식까지 강했다고 보아야 한다. 국가 인력정책상 특별한 예우를 해 준 것을 감안하더라도, 이는 사회의 교육생태환경을 구성하는 데 핵심 요소로 중요하게 여겨진다. 대중 소통이 되지 않던 시절 엘리트 주도가 당연했던 사회에서 유생들은 젊은층 사회문화의 근간을 이루어 냈고 이는 상하 양방향으로 확산되었다.

사림들의 사회문화적 역할

성리학이 조선사회에 토착화되자 사림들은 자신들의 생활 철학과 사회문화 활동에 크게 자부심을 가졌고, 권력 핵심부에 진입할 기회도 많아졌다. 그 힘을 바탕으로 그들에게는 막강한 역할이 주어졌는데, 바로 국가의 기본 방향을 정하고 세상을 다스리는 도리를 이끌어 가는 새로운 역할이다.

사림은 근세조선에서는 선비로 대접받았고, 조선 중기에는 학자관리인 사대부가 되어 초야에서 학업에 전념하며 예비관리군으로 발전했다. 분명한 것은 정치와 일정한 거리를 두고, 여론몰이로 참여하는 방식으로 행동했다는 점이다.

사림들은 한때 권력을 배경으로 활동하던 자들이지만, 권력에서 소외된 뒤에는 향촌사회로 내려가 제자를 키우며 지역 인재 양성에 나섰다. 인재 탱크의 역할이자 예비 관리들을 양성하는 활동이었다. 사림은 과격하고 조급했고, 학문적으로 다소 미숙했지만 지속적으로 성장해서 16세기 말에는 조선 전국에 걸쳐 포화 상태가 될 정도로 성장했다(정옥자, 2012).

마침내 사림이 세력으로 변해 전국적으로 확산되면서 사대부의 사회문화적 영향력은 매우 커졌다. 세월이 흘러 근세에 들어와서는 천주교나 개신교 개화사상에 눈을 떠 사상적 선구자로 등장해 사회 다양화와 공진화에 기여했다. 생산 기술력을 습득하지 않고 소비만 하던 양반사회는 이러한 기술중심사회의 등장으로 변하게 된다. 사림들의 활동은 비록 소외된 세력이지만 창의적이고, 향촌 질서의 구조와 성격에 중요하게 영향을 미쳤다. 사회적으로는 권력의 견제와 공론의 활성화에도 기여했으며, 무엇보다도 공공성의 실천적 활동 기반을 잡는 데 크게 기여했다(최우영, 2002).

마침내 사림은 전국적인 네트워크를 구축해 집단 행동을 펼치면서 공론화를 주도하는 여론 형성자가 되었다. 행동과 태도에서 모범이자 지방 청소년 교육자로서 존경을 받았던 그들은 지방 주민들 사회 활동의 모범이었다. 권력은 없지만 권위가 있었던 터라 그들이 지역사회에 미치는 영향력은 컸다.

국가나 왕이 바른 길에서 벗어날 때는 가차 없이 앞장섰고 주민들이 동지가 되어 뒤따랐다. 지방 사회문화리더로서 중앙의 정치 움직임에도 직접 나서서 유교 논리에 바탕을 둔 비판적 참여를 게을리하지 않았다. 상소를 단지 문서로 보내는 데 그치지 않고, 도끼를 들고 그 먼 길을 걸어가서 죽음을 불사하며 '아니되옵니다'를 외쳤다. 근대에 이르러 외세가 침입해 국가의 미래를 장담할 수 없을 때도 앞장 서 시위를 하면서 주민들을 일깨우자 주민들은 의심 없이 그들을 뒤따라 나섰다.

영조의 탕평책을 계승한 정조는 스스로를 학자이자 스승, 즉 '군사君師'로 자부했다. 정조는 당파성을 타파하고 왕권을 강화하며 강력한 통치체계를 갖추었다. 나아가 전통적으로 학파의 영수인 산림들이 주도하던 학계까지 자신이 통괄하기 위해 학문과 인력 양성의 새로운 문화 활동에 힘을 모으기 시작했다.

이런 배경에서 전국 각 지역에서 세력 있는 가문들은 앞다투어 자녀 교육에 열을 올렸다. 또한 사림은 존립 명분으로 지역사회 전반에 걸쳐 인력을 소중하게 여기는 사회문화를 정착시켰다. 정규 교육, 사교육, 사회 교육을 모두 중요하게 여기는 교육 우선의 사회문화로 진화된 것이다. 권력이 채우지 못한 부분을 사림의 사회문화적 역할이 이끌었다.

학습 토론의 거점

지방의 유학자들이 이러한 공동체 활동의 근거지로 삼은 공간은 서원이다. 서원은 역사적 흐름 속에서 스스로 교육문화기관으로서의 역할을 부여했고 그렇게 자리 잡았다. 또한 그들은 서원을 자율적인 활동 공간으로 간섭받지 않고 중요성을 부각시키면서 조선사회의 독특한 지역문화 공간을 만들어 갔다. 그들은 지역사회의 여론 형성과 지역 문제 의사결정에 논리와 결정 방향, 대안 개발에 도움을 주었다.

이러한 지방의 유학 활동가들은 지역사회와 서원을 배경으로 한 사회문화의 살아있는 정신적 지주로서 활동했다. 이것은 뒷날 '시민사회적 기능'이 싹트는 데 뿌리 역할을 한 것으로 볼 수도 있다(김영민, 2012).

지역사회에서도 조선의 민본의식 만큼은 중앙의 지도적인 선비그룹이나 일반 지역의 선비리더들에게 뿌리 깊게 새겨져 있었다. 백성이 주인이라는 민본의식의 발현과 전개는 세월이 흘러 조선 후기에 동학투쟁으로 진화되었다. 이 같은 행동은 정치 욕구를 표출하거나 달성하려는 것이 아닌 무능한 관리, 불법인인 착취에 저항한 사회문화 활동일 뿐이다. 이처럼 유학에서 시작된 '역할 충실' 인식이 올바른 생각과 생활 태도 갖추기 같은 생활의식의 중심을 차지했다.

이렇듯 선비는 지식생산자로서 시대정신을 대변하고 이끌어 가는 핵심 세력이었다. 그 결과 선비의 기질은 문화국가 질서의 기둥이 되는 힘으로 작용했다(정옥자, 2012). 선비들의 존립가치는 조선시대의 왕, 공직자, 선비, 유생에 이르기까지 모두에게 내재되어 내려 온 이념형 문화 활동 지침이었다.

지역의 여론리더

조선시대 양반과 사림의 사회문화 활동은 그들의 거주지에 따라 사뭇 다르게 펼쳐졌다. 서울에 거주하는 양반들은 권력 중심부에서 중앙정부 역할에 가깝게 다가가며 정치권력에 영향을 미칠 수 있었다. 그러나 지방에 거주하는 사림들은 중앙권력과 떨어져 지내며 지역사회에서 청소년 교육이나 문화 활동을 하면서 지역문화 창달 역할을 확고하게 이끌었고 지역의 정체성을 쌓아 가며 존립 기반을 만들었다.

어떻게 보면 사림들은 국가의 도움이 절실하지도 않았으며, 오히려 의도적으로 거리를 둔 것으로 보인다. 권력 관점에서 보면 이들을 권력 핵심에서 소외되거나 희생된 지식계층으로 보고 권력에 희생된 '권력의 저주' 대상 집단으로 해석할 수도 있다. 그러나 그들은 자발적으로 권력이 아닌 사회문화 활동을 선택해 지역을 지킨 사람들로 기억하는 데 의미가 있다.

사림들은 토착관리들의 활동을 보완 또는 대신해서 사회문화 활동을 펼쳤고 여론리더이자 지역사회 교육자였다. 사림들 중 과거시험에 합격해 엘리트적 위상을 지녔음에도 불구하고 관직에 나가지 않거나, 관직을 물러나 지역에서 활동하는 지식인들이 많았다. 지역사회의 문화 활동에 나서면서 정신문화, 교육, 생활 질서 교범을 직접 제작, 실천했다. 또한 지역사회의 공동체적 움직임을 바로 잡는 데 힘을 쏟았다. 중앙에서 소외된 열패감을 완화하려는 노력이 없지는 않았겠지만, 사회문화적으로는 권력의 횡포에 대한 방패 역할도 해 주었다.

더불어 완성된 문화역량을 바탕으로 모범적인 행동을 하면서 향촌사회의 리더로서 지냈다. 그러다 보니 지역에 위기가 생겼을 때 그들이 앞장서고 민초들이 뒤따라 자기 지역의 사회문화를 지켜내려고 했다. 의병에서 선비들, 그 정신적 가치를 따라 나선 백성들의 관계가 지역사회의 공존, 공생을 이어 가는 힘이었다. 만약 지역리더들에 대한 존경심이 없었다면 목숨을 내걸고 그들을 따라서 국난에 몸 바쳐 나서겠는가.

왕이 유학의 가르침을 실천하면서 왕도를 찾고 교화, 명분, 의리로 소통했다면 지방에서는 선비들이 도리를 지켜 주민들과 함께 공동체를 일구어 갔던 것이다. 유교적 교리를 생활토착화시켰고, 양반사회의 그 높은 대의명분을 관념적인 것으로 내버려 두지 않고 생활 속에 뿌리내리도록 실천하려고 애썼다. 교육·문화학습의 일상화, 육예의 생활화는 그 가운데 덤으로 자리 잡아가게 되었다.

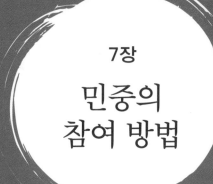

7장

민중의
참여 방법

임금은 이익을 독점하지 말고, 반드시 백성과 함께해야 합니다. 임금이 정치만 하고 백성을 사랑하는 마음이 없으면 이는 근본이 없는 것이고, 마음만 있고 백성에게 균등히 분배하는 정사가 없으면 혜택이 아래에 흐르지 않습니다.

-기대승, 선조 즉위년 소대에서

1. 구언

어버이 같은 임금이 되어야 한다고 학습한 왕은 국가 위기로부터 민중들의 생계에 이르기까지 많은 일을 걱정하지 않을 수 없었다. 그러나 소통이 어려운 시대에 왕실에서 민중을 헤아려 정책을 개발하려는 의지를 갖는 것조차 쉽지 않던 환경이었다. 백성들의 눈높이에 맞는 정책을 개발하기 위해서 민중들의 여론을 수렴하는 일은 재해가 생기거나, 정책 개발에 필요할 때, 농업 전문 기술을 보급해야 할 때 정기적으로 또는 시급히 이루어졌다.

여론 수집

정책을 개발하기 위해서는 여론을 수집하는 구언求言을 운용했다. 일반관리와 국민의 여론을 듣고 정책에 반영시키기 위해서 왕은 순문詢問이라는 형식으로 여론을 조사했다. 이러한 소통 조치가 위에서부터 주어질 때 관리와 일반 국민은 그 시대의 정사와 폐단에 관한 그들의 의견을 전달할 수 있는 기회로 삼았다(한우근, 1970).

예를 들어 전지田地의 분배 문제, 백성들의 생활에서 어려운 점들을 각계 각층의 여론을 청취하는 방식으로 들었다. 또는 시전市廛상인들의 국역부담 과중, 물가 불안정, 관청납품 대금 지불지연, 권문세가의 각종 폐단에 대해 시폐와 상소를 올렸다(영조 29년). 이뿐만 아니라 상인조직, 권력기관 사이의 갈등을 호소하거나, 질서를 잡고 규범을 새로 마련하며, 당장 이해관계를 조정해 달라는 요청에 대한 소통을 전개했다. 또는 나라에 천재지변이 생기거나 어려운 재해가 닥치면 지혜로운 해결책을 찾아 의견 개진을 요청했다.

그리고 경제정책 가운데 특별히 농업시책을 위한 구언으로 농정에 관한 의견 제시나 농서를 저술해 상정할 것을 요구한 것이 많았다. 특히 새해를 맞아서 권농행사와 병행해 의견을 말하도록 했다. 이때는 주로 농지 운영, 농촌편제, 농업 기술 문제 등이 거론되었다. 의견을 제출한 이는 주로 유학자, 생원진사 등이 많았고 지역으로는 호남지방 농작인이 다수였다. 그런데 이러한 것들은 각 개인의 체험을 통한 단편적인 의견 제시일 뿐 체계적, 종합적이지 못해서 실제로 적용하기는 어려웠다.

이처럼 의견을 청취할 때는 직급에 관계 없이 모든 관리들이 시정 개선의 견해를 올리는 백관진언百官陳言이 이루어진다. 이때 관리들은 각자 문제점인 시폐時弊와 그 해결방안인 광구匡救, 시정 개선책을 왕에게 문서로 작성, 보고하는 서진書進을 올렸다. 보고서는 개별적으로 작성하거나 여럿이 의견을 합해서 제안하는 방식도 있었다. 일정한 격식에 따라 작성한 의견서를 서울에서는 묘당에, 지방에서는 감사에게 제출하게 되어 있었다.

왕의 소통

이 의견을 다 받아들이지는 않았다. 해당 관서(초기에는 육조, 후기에는 비변사)에서는 이들 가운데서 시행할 만한 것을 간추려서 왕의 재가를 받는다. 왕은 2품 이상 고관이나 당해 관장과 소통하며 가부의견을 물어 최종 결정을 했다. 실제 제안되었던 것들 가운데서 덕치주의 실천, 치산치수治山治水, 과거제의 폐단, 잘못된 인사행정 개선 등은 채택되기도 했다. 그 밖에도 군기부실, 군역 문제, 각 기관의 재정 부족, 국가 세금 징수 등에 대해 주로 의견을 제시했다.

그런데 실제 운용한 결과 이런 사항들을 각 개인의 의견으로 취급할 뿐 정책 결정을 위해 종합 검토하거나 대안을 개발하는 노력이 없었다는 것이 구언의 한계이다. 위기 시 대응정책을 개발하거나, 새해정책을 개발할 때 여론을 청취하는 긴급 소통 방식이 오히려 더 효율적이었다.

재정 확보

재정을 확보하기 위한 세제정책인 수취체제를 정비하는 것은 농경을 기본으로 하는 조선에서 중요했다. 특히 재정이 적정한지를 조사하거나 이를 개편할 방안을 모색할 때 왕은 관계자의 의견을 반영해 처리했다. 이때 조사할 대상자를 관리, 일반 국민, 특수한 당사자 등으로 넓혀 광범위하게 여론을 조사했다.

여론조사인 구언은 주로 시민들을 궐문 앞에 모이게 해 해당 사항을 직접 물어보는 순문 형식으로 이루어진다. 예를 들어 조선 후기에 물자조달에 실제로 어떤 문제가 있는지를 제대로 파악할 수 없어서 직접 여론을 듣고 해결책을 찾으려고 했다. 그래서 공납청부貢納請負를 담당했던 공물 주인이나 시정상인인 공시인貢市人을 모아 놓고 직접 의견을 들었다. 이 같은 공시인 보호정책으로 시행되는 순문은 나중에(1752년) 왕이 직접 나서서 참여하는 형태로 바뀌게 된다. 왜냐하면 언로가 중도에 차단되거나, 정확한 내용이 전달되지 않았기 때문이다. 구체적인 사안에 대해 왕이 직접 문제를 제기하고, 그 폐단과 강구책을 청취해 해결하려는 매우 현실적인 노력이었다.

세종의 여론정치, 세제 개편 국민투표

고려 말에 과전법에 기반을 두고 운영하던 조세제도가 불합리해지자 조선 초기에 들어와 개선할 필요가 생겼다. 세종은 마침내 공법안에 대한 여론조사를 대대적으로 전개했다. 이에 대해 의정부, 육조 각사, 각도의 감사, 수령, 일반 국민 등에게 가부에 대한 여론을 조사했다.

그 결과는 부가 많은 것으로 나왔다. 분석해 보니 각자 자기의 이해득실에 따라서 지역별로 차이가 있었다. 토지가 비옥한 경상도 주민은 대부분 가를 찍었는데 토지가 수척한 평안도, 황해도, 강원도에서는 부가 많았다. 그 결과를 듣고 난 세종은 "국민이 불가하다면 이를 시행할 수 없다"며 백성들의 뜻에 따라서 결국 실시하지 않았다. (「세종실록」, 세종 12년 7월 계묘조)

양역良役인 군포軍布 문제는 중요한 생활정책 가운데 하나였다. 이에 대해 오랫동안 논란이 계속되자 드디어 궐문 앞에서 순문을 시행했다. 그런데 이 문제는 양역조사청에서 이미 많이 논의를 했던 터라 호포戶布, 구전口錢, 결포結布 징수와 같은 대안들이 마련되어 있었다. 그러나 이에 대한 시비만 거듭되고 결론이 나지 못하자 마침내 여론을 조사해서 최종안을 결정하려고 한 것이다.

왕의 소통

이 양역 문제를 해결하기 위해 영조는 사대부를 비롯한 백성들을 홍화문 앞에 소집했다. 양역에 관해 직접 순문하되 호포, 결포 두 안중 어느 하나에 찬성을 표시하라고 했다. 그 결과 모두 다 호포가 더 좋다고 의견이 모아졌다. 그런데 이때 조사 과정에서 주목할 만한 기록이 있다. 호조판서 박문수가 영조가 호포안을 의중에 두고 있으니 모두 호포에 찬성하라고 민의를 조작했다는 것이다. 이러한 소통 조작은 사관이 명확하게 기록하고 있었다 (「영조실록」, 영조 26년 5월 경신조).

이처럼 구언제도는 백성들의 어려움을 직접 듣고 정책에 반영해 해결하려는 민본주의적 방식으로 운용되었다. 정책의 순화가 이루어지기 어려운 경제 여건을 탈피하고, 정책개발자와 정책수혜자인 국민들에게 여론을 물어 다수결로 결정하는 직접소통 방식이었다. 이는 민중 소통 방식으로 정책을 개발하고 결정하는 성인군주의 베풂이자 정책 개발 노력의 하나로 이해할 수 있다.

다만 운용 과정에서 형식적이고 임시 미봉책에 지나지 않는 경우도 있었다. 또 민의 왜곡이 나타나 진정한 의견이 제시 또는 전달되지 못하는 등 소통의 순수성이 의심을 받기도 했다.

2. 열린 하의상달

신문고

일반 백성들이 억울한 일을 당했을 때 윗선에 호소할 수 있도록 청원, 상소, 고발이나 신문고를 거쳐 의견을 전달하는 방식이 마련되어 있었다. 백성들은 삶에 어려움이 있어 해결이 필요할 때는 청원을 했다. 의견을 건의하고자 하면 먼저 의정부에 청원을 올리고, 이것이 왕에게 전달되지 않으면 신문고를 이용하게 되어 있었다.

신문고는 이처럼 최후의 항고를 위한 시설이었다. 고발의 경우는 사직을 위태롭게 하는 음모가 생기거나, 종친이나 공을 세운 종친훈구宗親勳舊를 모함해 화란禍亂을 일으키려는 자가 있으면 아무나 직접 와서 신문고를 두드릴 수 있었다. 결국 개인적으로 억울한 일이 있거나 사회 질서를 해칠 우려가 있는 사람을 고발하는 형식으로, 왕에게 직접 소통할 수 있는 길이 활짝 열려 있었다는 것을 보여 준다.

이 제도의 기본 절차는 "억울한 일이 있어서 상소하는 이는 소장을 올리는데 중앙이면 주로 담당하는 관원에게 제출하고, 지방이면 관찰사에게 제출한다. 그러고도 억울한 일이 있으면 사헌부에 고소하고, 또 억울한 일이 남아 있으면 신문고를 친다"고 규정되어 있다(『경국대전』 형전 소헌). 신문고를 울려 아랫사람들의 어려운 사정을 윗사람들에게 직접 전달하는 길로 열어 놓은 것이다.

하지만 신문고를 두드리는 절차는 까다롭다. 희망자는 일단 신문고 담당자에게 먼저 알려야 하며, 내부 상급자에게 보고한 담당자가 이유를 물어 음모 사항이면 즉시 두드리게 할 수 있었다. 그러나 정치득실이나 민원 사항이면 사유를 듣고 허락하되, 거처를 명확히 파악한 후에 허락했다. 이러한 절차가 번거로워서 태종은 일단 먼저 북을 울린 뒤 거처를 알아두게 편의를 돌봐주도록 개선하기도 했다.

대개는 신문고를 두드렸을 때의 청원이나 건의 내용이 쓸 만하면 채택하고 일정하게 포상을 하지만, 맞지 않는다 해도 그냥 내버려 두는 우용優容으로 처리했다. 그러나 지엄한 왕을 우롱하거나 거짓 고발로 혼란을 일으킬 때는 엄격히 처벌했다. 소통을 빙자한 허위사실 유포나 모함을 용납하지 않고 처벌하는 벌칙 규정을 만들어 둔 것이다. 거짓 상소를 했는데도 불구하고 해당 관리를 처벌하지 않으면 그 담당자에게 법률에 따라 죄를 줄 정도였다.

또한 소정의 경로를 거치지 않고 소를 뛰어넘어 월소越訴한 자도 법률로 논죄했다. 국기에 관계되는 사건, 불법살인 사건, 아전이나 노예가 소속 관사의 관원을 고소한 것은 수리하지 않고 오히려 처벌했다. 타인을 사주해 고소장을 내게 한 자도 역시 처벌한다고 규정하고 있다.

이러한 신문고는 사회문화적으로 큰 의미를 갖는다. 우선 중앙관리나 권세 있는 관리가 권력을 남용해 피해를 받은 관리나 백성들이 가슴에 품고 지내던 억울함을 풀어 줄 목적으로 마련되었다. 아울러 왕권을 위협하는 일이나 공정사회를 가로막는 음모가 있으면 누구나 청원, 상소, 고발할 수 있어 국가와 사회의 기풍을 안정적으로 유지하게 만들어 주었다.

신문고는 사병이 혁파되고 집권적인 행정관리체제가 개편되어 가는 태종 초기 문하부門下府가 해체되고 사간원을 설립한 직후에 설치되었다. 언제, 누가 설치를 건의했는가 하는 것이 중요한데, 설립 건의자는 사간원의 학장, 전좌랑이다. 이렇게 보면 사간원 설립 이후에 언로를 좀 더 현실적으로 마련해 폭넓고 다양하게 소통하려는 조치로 마련된 것으로 해석된다. 민초들의 애끓는 서러움을 들어 해결해 주어야 한다는 민본주의적 입장이 반영된 것이다. 하의상달로 언로를 넓히고 신하와 백성의 언권을 보장하려는 소통 확대정책인 것이 분명하다.

신문고의 역할은 확실히 언로를 개방해 국민들의 언권을 보장하고 시정의 득실을 살피고, 억울함을 풀지 못한 자에게 억울함을 풀 길을 열어주는 데 있다. 한편으로는 합당한 방법으로 소통의 절차를 갖추도록 했다. 임의로 대내에 출입해 소를 제기하지 않고 곧바로 호소하는 월소직정越訴直呈의 폐해를 막고, 절차적 합리성을 확보하는 제도로 마련했다.

신문고는 실제로 얼마나 효과를 거두었을까? 아쉽게도 실제 신문고 이용자는 대개 생원, 궁금시위宮禁侍衛의 갑사甲士를 포함한 문무관리계층이었다. 일반 서민이나 노예는 거의 사용하지 않았다. 신문고가 궁궐에 위치했기 때문에 서울에 거주하는 관리들이 주로 이용했다.

개인적인 억울함을 호소한 것으로는 노비 문제가 가장 많았고 절실했으나, 문제로 삼지 못하게 했으며 실질적인 해결책은 되지 못했다고 한다. 그 밖에도 억울한 형벌, 옥살이, 순전한 재산권 소송, 고발(무고) 등이 있었다.

또한 신문고를 울린 뜻이 간관에게 보고되는데도 왕에게까지 연결되지 못한 시스템상의 한계가 있었다. 왕의 직속 위병이라고 할 수 있는 순군巡軍이 이를 관장했는데, 그 위세가 매우 대단했기 때문이다. 이 막강한 직책을 갖는 자가 가로막으면 신문고를 울린 사람의 목소리가 왕에게 전달되지 못했다.

이렇듯 신문고는 최후의 상소를 위한 시설로 등장해 청원이나 고발 등과 같이 제도화되었다. 소통 수단으로서 중앙의 대소 문무관리들 사이에서 실질적인 활용가치를 가졌다. 지방 관청의 불법과 횡포를 억제하는 효능도 제대로 발휘했고 태종 초기 왕권을 강화하는 과정에 있어서는 특수 신분층에 은총을 베풀 기회도 주었다. 다만 억울함이 더 많았을 것 같은 일반 서민과 노예 등 민간에서는 효과에 한계가 있었다.

상소

상소는 자기 뜻을 왕에게 문서로 제기하는 폭넓은 하의상달 방법이다. 상소는 모든 사람을 대상으로 열려있는 것이 원칙이다. 하지만 사실상 현직 관리, 퇴직관리, 사림이 주로 진언, 장계 등의 방법으로 참여했다. 현직자들은 국정에 직접 참여하고 있기 때문에 비교적 덜 비판적이었다. 따라서 상소는 전직자와 재야 유림들이 주로 참여한 제도라고 할 수 있다.

상소는 절차나 대상에 따라 여러 종류가 있다. 간단한 형식의 상소를 차자箚子라 하고, 왕의 하문에 대해 심의해 상답하는 것을 회계回啓라 하고, 조사한 결과를 상주하는 것을 사계查啓라 한다. 그 내용은 대개 국정, 민정, 사사에 관한 것 등 매우 광범위하다. 이 점에서 관리들이 시정에 관해 그때 그때 올리는 계啓와 구별된다.

상소의 절차는 비교적 복잡하다. 상소는 왕에게 직접 전달하지 못하고 반드시 승정원을 거쳐야 했으며, 때로는 지방에서 수령과 감사를 경유해 승정원에 전달되는 경우도 있었다. 그런데 일단 진행되면 중도에 무를 수 없다는 점이 중요하다.

승정원에서는 이의 내용과 형식을 일단 사전에 검토한 다음에 왕에게 올릴지 또는 철회할지를 결정한다. 그래도 국가 기본 질서를 파괴하는 것이 아니면 원칙상 올리게 되어 있었다. 또한 그 내용이 시사에 관련되면 우선적으로 취급하는 것이 관례였다. 이렇게 등장한 상소에 대해 왕은 반드시 비답批答으로 회답하게 되어 있었다. 이처럼 소통에 필요한 중요 절차를 모두 갖추어 진행했다.

상소는 대개 개인적으로 이루어지지만 때로는 다수의 집단적인 병소騈疏의 형태로 행사되기도 한다. 소청을 할 때는 소청疏廳이 설치되고 대표자와 소문疏文의 제작자 등을 반드시 밝힌다. 이른바 '청원실명제'가 적용되는 것이다. 상소가 받아들여지지 않았는데도 중대한 문제로 간주될 때는 개인이나 집단이 궁궐 문 앞에 엎드려서 복합伏閤상소를 한다. 심지어는 도끼를 갖고 와 궁궐 문 앞에 엎드려 상소하는 지부持斧상소도 있었다.

상소 이외에도 일종의 시위 형식으로 이루어지는 하의상달로서 복합, 복궐伏闕, 권당捲堂, 규혼叫閽 등이 있었다. 복합은 대궐 안의 합문 밖에서 주로 대신들이 고급관리들의 계언으로서 그들의 의사가 관철되지 않을 때 사용하는 시위 방법이다. 복궐은 궁궐 문 밖에서 행하는 시위로, 상소로는 의사 관철이 불가능할 때 하급관리, 재야 유림들이 사용하는 방법이다. 권당은 성균관의 명륜당에서 성균관의 학생들이 그들의 의사가 상소 형식으로 관철되지 않을 때 하는 시위이다. 규혼은 대궐 문 밖에서 주로 불만 있는 민중 다수가 참여하는 방식이다. 결국 복합, 복궐, 권당은 주로 유림 이상의 계층에서 상소와 같은 의사소통의 방법을 병행하며, 규혼은 주로 일반 민중들이 직접적, 집단적으로 표시하는 시위였다.

그렇다면 상소는 얼마나 받아들여졌을까?『조선왕조실록』태조 때부터 명종 때까지 상소 관련 기사를 분석한 연구에 따르면, 상소를 받아들인 가납은 17.1%, 절충하거나 일부만 수용한 것은 3.1%이다. 상소를 아예 배척한 사례가 45%이고, 응답조차 하지 않은 경우도 30.8% 정도에 이르렀으니, 결국 75% 정도는 수용되지 못한 셈이다(이규완, 2004). 상소의 문장 표현은 소극적이고 상투적인 것이 많았으며, 진취적인 정론은 매우 적었다(전해종, 1964).

상소는 주로 정치·사회적인 공공문제를 거론하도록 만들어졌다. 상소가 국왕의 권력 선용에 미치는 효과가 어떠했는지를 한마디로 말하기는 어렵지만, 조선시대 전체를 보면 상소는 시스템적으로는 훌륭했다. 실제로 하정상달下情上達의 아름다운 취지에서 운용한 결과로 청원이나 건의 또는 음모적발에 도움을 주었다.

그러나 상소제도에도 소통의 실익을 거두는 데 한계는 있다. 우선 참여 대상을 좁혀서 중인이나 일반 서민에게는 허락되지 않아 제한적이었다. 또한 여론과 민심을 참칭하는 것으로 간주하다 보니 왕에 따라서는 무관직자나 전직자는 상소를 올리지 못하게 한 경우도 있었다. 그 내용에 있어서도 정부의 견해가 재야 여론과 차이가 심할 경우 왕은 상소 형식을 제한했고, 그 방법과 절차가 까다로웠다.

노이즈 소통 전략

문자를 모르는 하층민들이 꽹과리와 북을 치며 청원하는 격쟁 방법이 소통 전략으로 등장했다. 방법도 다양해서 대궐 안으로 들어가 왕에게 직접 호소하는 궐내격쟁闕內擊錚, 국왕이 행차할 때 어가 앞에서 하는 위내격쟁衛內擊錚, 왕과 멀리 떨어져서 호소하는 위외격쟁衛外擊錚으로 나타났다.

대개 왕의 행차 길에서 시끄럽게 해 왕의 관심을 이끌어 내고, 그 틈에 억울한 점을 호소하곤 했다. 또는 멀리 떨어진 곳에서 나뭇가지 끝에 글자를 크게 써 붙여 왕의 눈에 띄게 하거나, 큰 소리로 외쳐대는 방식으로도 청원을 했다.

정조는 이를 귀찮게 여기지 않고 늘 행차 때 귀담아 경청했고, 이런 기회를 더 만들어 123건이나 되는 격쟁을 해결해 주었다. 억울한 일을 당한 백성들의 입장에서는 나름대로 노이즈마케팅에 성공한 셈이다.

심지어는 돌이나 바위에 사회문제를 새겨 넣는 여론 호소 방식도 등장했다. 그러면 지나가던 보부상이 그 돌을 사람이 많이 다니는 곳에 옮겨 놓거나, 자기가 아는 내용을 추가하기도 했다. 자기가 본 내용을 사람들에게 전파하는 방식으로 소통을 확대하거나 여론을 형성하는 방법이다. 다만 허위 내용에 관해서는 장 100대에 3천 리 밖으로 유형을 보내는 규정을 만들어 운영했다.

정리하자면 왕은 어버이 같은 존재였고 실제로 민본주의를 표방했기 때문에 다양한 소통 경로을 마련해 두었다. 정조는 대민접촉을 강화하면서 격쟁의 범위를 통상적인 사안으로 확대하고, 혹시나 축소 보고하는 일이 생기면 혼내는 등 철저히 공론화하려고 했다. 신문고는 서울의 문무관리들에게 주로 활용될 뿐 하층민, 지방거주자에게는 별 도움이 안 되었기 때문

이다. 나중에 창덕궁 남쪽에 설치한 신문고가 남용되기도 하자 마침내 "신문고를 함부로 치지 말라."라는 엄명이 내려진 일도 있었다(1771년). 이안묵이라는 이는 산의 소유권 문제로 3년간에 7차례나 격쟁을 벌여 물의를 일으키기도 했다(1790년).

　이처럼 실속이 적은 신문고에 접근하기조차 어려운 대상을 위해서 격쟁을 넓힌 정조는 인내심을 갖고 꾸준히 여론을 수렴했다. 상소와 달리 주로 개인적인 억울함을 호소하거나 민원사항을 제시하도록 하는 상언을 이용하기도 했다. 결국 정조는 재위 기간에 상언과 격쟁을 합해 모두 3,355건이나 처리했다. 그런데도 관리들이 중간 소통 과정에서 걸러내는 절차가 있어서 완전한 소통으로 이어지는 데는 한계가 있었다.

3. 공동체 협업 소통

앞에서 언급한 것처럼 "하늘이 임금을 세운 것은 백성을 위해서이니, 백성이 어려운 상황에 놓이면 좀 더 깊이 생각해야 한다."라고 율곡은 간언했다. "임금께서 성심으로 백성을 위로하시고, 근본을 바로 잡아 기강을 세워야 한다"며 민본주의를 구구절절하게 펼쳤다.

인간관계를 중시하는 유학에서는 사회구성원들끼리 상호관계를 어떻게 맺는가를 가르친다. 부자, 군신, 부부, 장유, 붕우 사이의 기본적인 행동 양식을 5륜으로 특히 중시하며, 유학이 인간관계의 그물 속에서 순조롭게 유지되어야 사회가 제대로 작동된다고 본다. 구성원끼리 상호관계에 따라서 각자의 책임과 의무를 존중하고, 정명正名에 따라서 명분 있게 행동한다. 그래서 인간을 존중하며 사랑, 신의, 협조, 평등한 인간관계 구현을 내세운다.

나아가 인간관계의 바탕이 되는 사회를 존중하며 이에 대해 애착과 신뢰를 갖는다. 사회적 참여와 봉사를 중시하며 사회 개조와 발전을 중요하게 보고 있다. 그래서 사회의 개선과 발전을 위해서 덕치를 강조한다. 결국 권력, 폭력, 무력, 재력을 배제한 인간적·도덕적인 리더십 원리를 바탕으로 사회 질서를 유지하자고 주장한다.

『맹자』에서는 "임금에게 과실이 있으면 간하며, 반복해서 간해도 듣지 않으면 임금을 폐하거나 다른 임금을 세운다."(『맹자』 만장 하)라고 말하고 있다. 이처럼 어진 정치를 왕도로 삼고 왕의 권력이 사회지배력으로 제대로 작동하기 위해서는 참여와 인간관계를 제대로 해야 한다는 것이다.

인간중심, 사회중심주의

인간중심사상을 사회와 연관시켜 보면 인간의 사회적 자아의식을 고취한다는 뜻이다. 그 점에서 유학의 인간중심주의는 사회중심주의로 확장된다(도광순, 1976). 인간의 활동은 사회 안에서 이루어지므로 유학사상은 개인을 존중하되, 인간의 사회성과 인간관계를 중시해야 한다. 아울러 인간사회를 긍정하고 신뢰하며, 사회 참여와 사회적 봉사와 발전을 도모한다.

결국 사회중심주의는 인간중심주의를 연장해 인仁을 실천하는 장으로 들어가는 것을 말한다. 자기와 함께 타인을, 개인과 함께 사회 전체를 생각하고 나의 입장에서 인식하는 것이 유학의 사회사상이다.

이 논리를 왕에게도 적용해 왕이 민본주의를 바탕으로 소통해야 한다는 점을 직접 언급하며 강조한 대목이 많다. 군자는 인간 본성의 자각을 통해서 하늘과 천명을 알도록 해야 한다고 강조한다. "천명을 알지 못하면 군자가 될 수 없다"(『논어』 요왈)는 말은 인간성의 자각을 통해서 천명을 알고 천도를 걸어야 한다는 뜻이다. 인간이 위대하고 존엄성을 지닌다는 것은 결국 인간이 지존의 존재이며, 이를 제대로 자각하면서 왕도 위대하고 존엄한 존재가 된다는 의미이다.

조선시대에 민본주의가 지도 이념으로 자리 잡게 된 것은 유학의 가르침 때문이며, 유학 가운데서도 특히 성리학이 국학으로 활용되었다는 점을 깊이 새겨보아야 한다. 성리학은 이념성이 유달리 강해서 사회관계에 적용할 지도 이념으로 확실하게 자리 잡고 작용했다. 더구나 이러한 사회로 나아가도록 주도적인 역할을 한 사대부 집단이 사회문화를 정의하고, 이끌어 가면서 주류사상으로 자리매김이 가능했다. 이런 점에서 인본윤리는 조선시대의 사회 안전 장치였으며, 소통과 관계의 지향점이었기에 조선이 충성층의 지지를 받으며 그토록 오랫동안 이어 내려올 수 있었다.

계층장벽 틈새의 소통

조선시대 사회공동체는 신분제를 기반으로 구축되었다. 당시 신분계층은 민본주의를 실천하는 사회적 교류와 소통에 장애가 되었다. 각각의 신분계층이 어떻게 교류와 소통을 막고 나섰을까? 신분사회는 고려시대부터 계승된 전통적 사회 기반 위에 성립되었다. 사농공상의 직업적 구분과 양반, 중인, 상민, 천민의 신분적 계급이 형성되었고 이것은 세습되었다. 기본적으로 지배층과 피지배층을 구분하고 혈통과 직업에 따른 불평등 관계를 인정하고 있다.

지배계급은 넓게 양반과 중인을 포함한다. 양반은 교육과 학문을 독점한 지식계급, 과거에 응시해 자격을 갖춘 관리들, 지역사회의 토호, 경제적으로는 국가로부터 토지를 받은 지주였다. 정치, 경제, 사회문화 등 여러 분야에서 독점적 지위를 '부여받은' 이들이다. 양반은 형벌제도에 있어서도 특권을 누려 권리는 철저히 보장되면서 부역의 의무는 면제되었다. 중인은 외국어, 의학, 천문, 지리, 산학 등의 기술직과 행정 실무를 담당하던 하급 관리로, 양반층이 상급지배층이라면 중인은 하급지배층이었다.

피지배층으로는 상민과 천민이 있었다. 상민은 농공상에 종사하는 생산 계급으로서 조세와 국역國役, 공납貢納 등 국가에 대한 의무를 부담한다. 사실상 교육이나 과거 진출 길이 막혀 있고, 호패법號牌法 실시로 거주 이전의 제약을 받고, 가난과 무지를 벗어나지 못했다. 천민은 농업, 수공업 등 생산에 종사하는 최하층계급으로서 양도, 상속되었다.

사회가 바뀌면서 지배층과 피지배층의 비율도 점차 변해 피지배층이 크게 줄어드는 추세를 보인다. 예를 들면 1690년(숙종 16년)에 91.7%로 압도적이던 피지배층은 84.7%(영조 8년), 65.3%(정조 13년), 34.5%(철종 6년)로 점차 줄어들었다(박문옥, 1975).

뚜렷한 신분제 때문에 피지배층인 민중의 소통은 장벽 틈새에서나 가능할 뿐 참여는 허락되지 않았다. 소통과 교류가 없는 지배집단과 피지배집단 간의 갈등은 많았다. 갈등은 왕과 궁중의 측근세력(왕실과 외척), 고급관리, 현직관리와 유생, 고급관리와 하급관리들 사이에서 교류와 소통을 가로막았다.

양반은 서울과 향리에 주택을 갖고 왕래하며 생활했다. 직접 거주하면서 지방-중앙의 인간관계가 만들어지고, 양쪽에서 소통과 참여가 이루어졌다. 또한 신분에 따라 집단거주지가 형성되었는데, 양반은 서울의 북촌과 남촌, 중인들은 청계천변에 밀집해 거주했다. 지방에서도 성 안에는 향리층이 살고 하급층은 성 밖에 거주했다. 신분사회의 기본적인 모습이지만 거주 공간이 중앙-지방으로 엄격히 구분되었고, 동일 지역에서도 같은 신분끼리만 교류와 소통이 이루어질 수밖에 없었다.

근세조선 공공에서 일하는 관리의 역할은 뚜렷하고 활발했으나, 공공-개인, 계층 사이에서 연결 다리가 되는 조직은 미약했다. 중간조직의 역할보다는 공공역할이 강력했고 법치의 이름으로 많은 것을 해결했다. 민간 영역이나 중간 영역 소통은 아무래도 소홀히 했다.

다행히 은퇴한 지배계급이 지역에 거주하면서 새로운 소통 경로가 생겼다. 물론 정권에서 소외된 계층이 지방으로 낙향해 향족으로 자리 잡은 경우도 있었다. 소작농이 되는 사람도 생겨났는데, 이를 잔반殘班이라 불렀다. 사회 세태에 민감한 이들은 나중에 민란의 주동자, 동학과 같은 평등사회 개혁을 주장했다.

이들은 유학에 충실한 보수사회에서 신분에 따라 부여받은 역할을 유지하며 살았다. 전통사회 구조 속에서 양반들은 족벌주의로 집단 이익을 취하고 이런 사회조직을 당연시했다. 이런 배경 때문에 신분 변동을 바람직하지 않은 사회 질서 파괴로 간주한 것이다. 각 신분별로 사회적 역할이 주어졌고 역할에 충실하도록 교육받고 활동하는 세대였기에 사회계층별 참여 소통에 대한 변화를 다시 살펴보아야 한다.

관리대표성의 보완 장치들

근세조선의 유학공동체는 개인과 공동체의 조화를 염두에 두지는 않았지만 질서를 유지하는 데 개인의 참여를 중시했다. 참여와 덕성의 고양을 기반으로 하는 공동체 시민의식에는 가까이 다가갈 수 있었지만 예절 질서에 치우쳐 오늘날 같은 시민적 권리를 제대로 누릴 수는 없었다. 그 결과 권위 옹호적인 유학 엘리트주의에 매몰될 수밖에 없었다. 개인들의 삶은 문화적으로 적실하고, 규범적으로 바람직했지만, 정치적으로 실현 가능한 '유학 민주주의'를 꿈꾸는 것조차 쉽지 않았다(이흥재, 2011).

또한 근세조선에서 정책을 결정하는 관리공동체는 대표성을 갖추지 못했다. 관료사회의 대표성은 대개 출신 지역, 계층, 직업을 기준으로 볼 수 있는데, 조선의 관리들은 지역대표성이 현저하게 결여되어 있었다.

지역별로 보면 수도권 부근에 거주하는 관리가 수적으로 절대 우세였다. 각 지역별 인구 비율에 대비해 보면 과거시험 채용 인원의 비율이 적정하지도 않았다(박동서, 1981). 결국 지역별 분포가 대표성 없이 편중되어 수도권이 아닌 지역 출신은 차별대우를 받았고, 뒷날에는 관리가 되는 길조차 막히고 말았다. 대표성 있는 공동체나 집단이 주도적으로 의견을 제시하면서 사회 전반의 시스템적인 소통이 이루어지지 못한 것이다.

뿐만 아니라 사회계층 대표성도 부족했다. 중요한 사회 활동에 상위계층만 참여했기 때문에 하위계층의 입장을 대표할 수 없었다. 관리들이 관계 형성을 시작하는 계기는 시험 절차에서 인정을 받고 난 뒤에나 이루어진다. 그런데 과거시험은 실제로는 양반계층만 응시할 수 있어서 2품 이상 관리의 자제들만을 대상으로 특별채용을 했다. 시험 응시 자격에서부터 관계 형성의 가이드라인이 만들어지는 셈이다. 한편 일선 행정 실무를 담당하는 약간의 분야에서는 중인계층에의 참여가 허용되었지만 결국 양반 이외의 계층들은 대부분 관리집단에 소속될 수 없었다.

과거시험에 대한 개방정책은 실질적인 효과를 거두지 못했지만 형식적 제도로서는 모든 계층의 응시를 개방했다. 하지만 이렇게 개방했더라도 시험 준비에 시간이 많이 걸려 경제적 부담이 컸다. 그렇기 때문에 가난한 하위계층은 시험에만 몰두할 형편이 되지 못해 응시가 어려웠고 결국은 관리가 될 수 없었다.

마지막으로 직업대표성도 부족했다. 사농공상 중에서 농공상을 대표할
수 있는 관리는 없었다. 과거시험 종류 가운데서 소과, 대과, 잡과를 비교해
보아도 잡과 즉 기술직이 가장 적다. 더구나 잡과 출신은 고위직에 올라갈
수도 없었고 양반은 이러한 직종에 응시조차 하지 않았다. 뿐만 아니라 무
인은 채용 과정에서 차별을 받았다. 결국 조선시대 관리는 생활, 채용 과정,
참여 방법, 조직관계 등 여러 부분에서 다양한 채널을 확보하거나 네트워
크에 접근해서 소통하기는 어려웠다.

정치권력은 기풍, 태도, 관계를 이어 가는 방식 등의 사회문화와 조화
를 이루어야 한다. 근세사회라는 점을 감안해 '문화적으로 할인(cultural
discount)'해서 보더라도 관리집단은 소통에 따른 대표성 반영이 어려웠고,
이해관계에 따라 행동하기 쉬웠을 것이다. 조선시대 초기에 형성된 관리
제도에서 대표성을 확보할 방법까지 고려해서 제도를 만들지는 못했을 것
이다. 그러다 보니 자기 이해관계에 집착하고, 왕에게 충성을 바치는 데 집
중한 반면 다른 계층에 대한 책임성은 당연히 크지 않았으리라고 생각된다
(김영모, 1967).

그러나 왕은 대표성이 없는 조선 관리시스템을 보완하기 위해 다양한 조
치를 취했다. 대표성 없이 임명된 중앙관리의 여론 청취 한계를 보완하기
위해서 앞에서 다룬 암행어사, 상소, 신문고 등 민중 소통 장치를 마련했다.
그 밖에도 민중 소통을 나타내는 여항공론閭巷公論, 중서공론中庶公論, 항의
巷議, 물의物議, 중의衆議 등의 방법이 사용되었다.

이 같은 계층과 신분 간 소통의 제약을 메우는 데 큰 역할을 한 실용지식
층이 존재했다는 점이 중요하다. 지식국가 조선에서 실리적인 지식을 유

왕의 소통

지, 발전시켜 가는 공동체가 싹트고 있었다. 조선사회 관리들이나 지식층이 명분에 집착하는 것과 달리 신분제로 올가미가 씌워진 중인계급들은 각 전문 분야에서 자기 역할을 설정하고 있었다. 중인이나 서리, 상공업자의 사회적 참여는 서서히 커져 갔다.

역사가 한참 흐른 뒤 그런 공동체가 서양의 새로운 지식에 흥미를 갖고 점차 개방을 받아들이는 분위기로 가닥을 잡아간 것도 사회 발전 측면에서 재조명되어야 한다. 조선 후기에 이르러 농민층도 점점 성장했고, 동학운동이나 독립만세운동을 주도하는 주축으로 자리를 잡게 된다는 점 역시 사회 변화를 이끌어 낸 것이다. 이러한 참여폭 확대와 참여할 권리를 갖게 되는 변화를 눈여겨보고 새로운 사회 변동의 가치를 탐구해 보아야 한다.

종친회, 사회관계자본의 샘터

조선시대에 대중적인 소통이 이루어지지 못한 것은 근세적 사회문화의 한계 때문이다. 공동체성을 존중하고 민생을 소중하게 여겨야 한다는 유학의 가르침을 실천해 사회 질서를 지키기 위해서 계층별 관계 형성을 중시했다. 이것은 당시에 신뢰, 호혜성, 네트워크와 같은 '사회관계자본(social capital)'을 키우면서 긍정적인 발전 효과를 가져왔다.

물론 요즘 사회의 관점에서 볼 때 '연결 다리' 노릇을 제대로 하지 못하고 폐해를 가져왔다고 말할 수도 있다. 그러나 이는 민생을 우선으로 하는 위민주의와 더불어 현실행동주의 유학의 특성, 생계형 사회 구조의 최고 이념이었기에 불가피한 것이다.

그렇다고 해서 여기에서 끝나는 것은 아니다. 시대적 한계 속에서 자연스럽게 나름대로의 네트워크를 이루며 발전을 거듭했다. 다만 현대사회 논리로 보면 '부분 공진화' 했을 뿐, 쌍방이 상호 접촉하고 발전하면서 적극적으로 동태적 발전을 가져올 계기를 살려 실천하지 못했다.

조선사회는 혈통, 가문으로 확고하게 연결된 사회였다. 인맥이나 종중의 명문가들 사이에서 이루어지는 관계가 인간관계의 기초로 작동했다. 한 프랑스 신부는 조선 사람들의 특성을 문명사회와 비교해 이렇게 기록한 바 있다(샤를르 달레, 1874).

조선 사람의 커다란 미덕은 인류애 법칙을 선천적으로 존중하고 나날이 실행하는 것이다. 여러 가지 동업조합이나 특히 친척이 서로 보호하고 원조하며 의지하고 부조하기 위해 긴밀히 결합된 단체를 이루고 있다. 이 동포 감정은 혈족관계와 조합의 한계를 넘어서 확대되어 간다. 상호 부조와 모든 사람에 대한 대접은 국민성의 특징인데, 솔직히 말해서 이 특징은 조선 사람을 우리 현대문명의 이기주의에 물든 여러 국민들보다 훨씬 우위에 서게 하는 것이다.

외국인의 글이라고 가볍게 여길 수도 있지만, 그는 조선인의 민본주의적 특성이 생활 속에 배어있음을 잘 표현하고 있다. 이기주의에 물든 서양인의 눈에는 상호 부조 활동단체로서 종친회를 특이하게 본 것이다.

그가 주목했듯이 조선시대에는 가족공동체인 종중모임을 중요하게 여겼다. 친족 종중모임은 이해관계에 얽힌 사익추구단체가 아니다. 가정, 지역사회 공공질서, 자녀 교육과 같은 대의명분이 있는 공공활동을 이끌어 가는 정신활동단체였다. 친족 간의 친밀도를 높이고, 조상을 매개로 공동체

의식을 높이면서 규율에 따라서 결집되는 집단이었다. 종중 일가가 나서서 항일만세를 주도하고 집단 옥살이를 한 사례들이 이를 잘 나타내고 있다. 적어도 유학에서 소중하게 여기는 공적인 가치를 규정·실현·배분하는 역할을 하는 사회적으로 인정된 소통과 순응 매개체였다.

주희朱熹는 『근사록』에서 자기수양을 사회 활동의 기본으로 삼고 있다. 집안 일족이나 국가를 다스리는 일도 동일한 규범적인 가치로 평가했다. 가족공동체를 경영하는 것을 적어도 국가를 경영하는 것과 같은 이념으로 다루고 있다고 해석할 수 있다.

유학은 인仁을 기본으로 한다. 글자 모양을 보면 두 명의 인간二人으로 풀이한다. 두 사람이 서로 사랑하고 아끼는 인간관계를 의미한다. 인은 자신의 참된 마음을 다하고, 자기 마음으로 미루어 보아 남에게도 그렇게 행동한다는 것으로 이해할 수 있다.

내가 하고 싶지 않은 것을 남에게 시키지 마라.
자기 몸을 닦아서 남을 공경하고 사람을 편안하게 한다.

-『논어』 안연

내가 인간적으로 자립하고 싶거든 남을 자립하게 하고, 내가 성취하고 싶거든 남을 성취하게 하라.

-『논어』 옹야

이처럼 인은 '사람을 사랑하는 것'이고, 유학의 근본사상은 '인간애'로 보고 있어 유학의 본질은 당연히 인간중심주의, 인간존중주의가 된다.

인간의 사랑 가운데서 으뜸은 자연적으로 형성된 부모형제와 가족중심적 사랑이다. 사랑에는 차등이 있으므로 인이라는 것도 무차별적인 사랑, 즉 박애가 아니고 차등적인 사랑이다. 이것이 당시 사회에서 보편화된 인간의 자연적 감정에 기반을 둔 인간중심적인 인의사상이다.

전통사회에서 씨족이 농경 지역에 뭉쳐서 한 마을을 이루며 생활하는 가운데 형성된 도덕 규범이나 사회문화 순응의식은 현대 한국사회에도 여전히 의미가 크다. 명절 때 귀향을 위한 몸부림은 귀소본능이 발현된 것 외에도 동일한 조상 아래서 공동체의식으로 살았던 모습이 유전자로 남아 작동한 것이다. 그것이 불편하고 경제적 이득을 가져오는 것은 아닐지라도 삶의 중요한 준거가 되어 이어져 왔다.

이들 사이에서는 사회적 공공선이나 인간 존중의 생각을 기본적인 소통 원리로 전제하고 있다. 나를 대하듯 가족을 대하고, 가족을 대하듯 사회관계를 만들어 가는 소통을 이어 가야 한다. 종중 회의나 종친회의 교류가 사회관계자본을 늘려 가고, 대의명분이 뚜렷한 공공활동, 사회 목적가치를 증진시키는 사회교육적인 소통이 주를 이루었다.

조광조는 『소학』을 중심으로 인간관계를 논의한다. 그는 인간관계의 중요성을 '인'에서 찾아내고, 언제나 '성誠', '경敬'을 중요시한다. 인간관계는 무엇보다 중요하므로, 결국 인간은 심성을 바르게 가져야 한다고 강조한다. 이는 '내면적 마음의 외면화' 즉, 사람들끼리 '바른 심성을 갖춘 인간'의 상호관계를 말한다.

이러한 개인 차원의 인간관계론은 하늘의 뜻이 실현된 이상사회 건설을 목표로 하는 조광조의 도치 지치주의道治 至治主義로 연결시켜 보면 더 많은 의미를 덧붙일 수가 있다.

왕의 소통

하늘과 사람은 본래 하나이기에 하늘은 사람에게 이로움을 주며, 왕과 백
성은 본래 하나이기에 왕은 백성에 도를 주어야 한다.

-조광조

이는 인본평등사상을 강조하는 견해이다. 요즘과는 시대가 달랐지만, 조
광조의 도치 지치주의는 천, 인, 도를 구체적으로 융합하는 사상이었다. 사
림들의 이런 인식은 결국 민본주의에 바탕을 둔 위민, 애민, 보민의 사회문
화였다.

왕은 왜 민중 소통에 약했는가?

현대적인 시민사회의 발전을 조선시대와 연결시켜 그 연속선상에서 이해
해야 한다고 보는 관점이 있다. 이는 조선시대에 시민사회가 실제로 존재
했다고 보는 관점이다. 국가권력으로부터 자유로운 영역이 존재했으므로,
전제군주국가적 성격이 짓누르고 있는 가운데서도 시민사회의 모습을 갖
출 수 있었다는 것이다. 특히 권력 선용을 위한 각종 소통제도가 왕의 권력
을 적절히 제약, 견제, 감시하는 데 성공했다고 본다.

그리하여 소통제도는 민중 소통을 기반으로 왕권을 존립시키고, 근대국
가로 나아가는 데 징검다리가 되어 주었다. 그런데 전통국가에서 왕권은
역시 스스로를 보위하는 데 우선을 둘 수밖에 없었다. 교통이나 정보통신
이 발달하지 못했던 시절에 역적모의나 반란은 국가 유지에 치명적이기 때
문이다.

왕이 언제나 소통을 즐기는 것만은 아니다. 백성들의 입장을 제대로 이해

하지 못한 채 관리들과 소통하기도 한다. 선조는 율곡과 경연을 하면서 "모든 책임이 나에게 있다 하니 도저히 감당하기 어렵고 바른 정치를 일으킬 자신도 없다"고 이야기한다. 왕과 관리들의 공식 소통 자리에서도 현안 해결보다는 원칙적 일반론을 늘어놓는 경우도 허다했다. 이 때문에 민중들과 실질적인 공감대를 갖기 어려운 경우도 많았다. 오늘날에도 비서들이 써준 원고나 읽으면서 남의 이야기하듯 늘어놓는 비전 없는 정치지도층 때문에 속 터지는 이해관계자들이 많다.

> 제후가 사직을 위태롭게 하면 바꿔 세운다. …
> 군주에게 큰 잘못이 있으면 간언하고, 간언을 반복해도 듣지 않으면 군주의 자리를 바꾸어 버린다.
>
> -『맹자』

이것은 맹자의 가르침인데, 당시 절대군주인 왕에게는 섬뜩한 구절이 아닐 수 없다. 왕이 잘못하면 절대군주사회에서도 왕을 바꿀 수 있다는 논리는 당시 사회문화에 큰 울림을 준다. 간추려 반복하면 절대군주의 행동이 국가 기강을 흐트러 트리면 안되고, 잘못이 있으면 누군가는 이를 지적할 의무가 있고, 그 지적에 대해 왕이 수용하지 못하면 물러나게 해야 한다는 것이다.

단순 명쾌한 이 명제는 현대 민주사회의 정치 논리로서는 지극히 타당한 말이다. 이러한 논리가 절대군주 시절 당시의 지도 이념이었다는 것을 뜻깊게 받아들여야 한다.

백성이 가장 귀하고, 사직이 그 다음이며, 군주가 가장 가볍다.

-『맹자』 진심장구 하편

백성은 왕에게 매우 귀한 존재였다. 맹자의 이 말은 국가의 질서 논의에서 "최고 통치자인 왕은 갈아치울 수 있고 통치 근간이 되는 사직도 갈아치울 수 있다. 그러나 기반 민중은 갈아치울 수 없다"는 뜻이다.

그러므로 모든 평범한 백성들의 마음을 얻는 자라야 천자가 될 수 있고, 천자의 마음을 얻는 자가 제후가 되고, 제후의 마음을 얻는 자가 대부가 된다. 여기에서 말하는 천자는 군주를 말한다. 우리는 중국의 황제와 조선의 왕에 대한 인식 차이를 잘 살펴보아야 한다. 중국에서 황제는 한 인격체로서는 도달하기도 어려운 높은 존재로 간주해 우주 질서와 자연현상을 주재하는 중심체로 군림한다고 본다(유인선, 1993).

이에 비해서 조선의 왕은 백성과 격의 없는 인자한 부모의 이미지로 나아가도록 교육받았다. 실질적인 권력은 낮추고 신하들과 나누며, 군신관계나 백성들과의 관계에서 지나치게 격식을 차리지 않는 위상을 지녔다고 해석한다.

"임금은 임금답고, 신하는 신하답고, 아비는 아비답고, 자식은 자식답게 분수를 지켜야 한다"(『논어』 안연 11)는 말은 각자 역할에 걸맞게 관계를 맺어야 함을 표현한 구절이다. 자원이 부족하고 권력이 남용되기 쉬운 전통사회에서, 자기 역할을 벗어나지 않는 생활을 하며 사회문화적 질서를 지켜야 한다는 것이다. 물론 이는 사농공상의 직업별 차별화를 인정하되, 각자의 역할에 충실해 책임 있는 행동을 다하도록 하는 보수적인 삶의 방식을 합리화시키는 논리일 수도 있다.

왕은 이념적으로는 민본주의를 가슴에 품고 소통하며 통치하는 어버이가 되어야 했다. 교통과 통신이 취약하고, 국제관계는 불안하며, 토착세력의 반란이 두려운 상황에서 나름대로 소통제도를 만들어 운영했다. 다만 아쉬운 점은 그 제도들이 공진되하도록 운영하지 못했고, 제도의 취지도 쪼그라든 채 이어 오고 있다는 점이다.

4. 협업적 관계

토지의 관리

조선시대 국가 재정의 근간이었던 토지는 국가가 소유하는 국유제를 원칙으로 한다. 이를 수조권 귀속 여부에 따라서 공전과 사전으로 구분했다. 공전은 수조권이 국가에 있으며 경기지방 외의 토지가 이에 편입되어 있다. 사전은 수조권이 개인, 관청 등에 있으며 대개 경기지방의 토지이고 세를 국가에 바치게 되어 있었다. 토지 문제는 민생, 국가 재정, 생산자계급의 사회 활동 문제와도 연결되어 있기 때문에 왕의 입장에서는 중요한 현안이었다. 모두 다 왕이 소통하면서 국가 경영과 민본주의 사이에서 조화를 이루어야 하는 일이었다.

과전법에 의해 모든 관리는 18등급의 품계에 따라 토지를 지급받으며, 원칙적으로 1대에 한정해 소유했다. 관리들의 생활 근거를 중앙에 두게 함으로써 지방토호화를 방지하고, 1대 한정으로 세습과 독점을 막으려는 조치였다. 이러다 보니 정책 결정 주체였던 관리는 안정적 급여로 경제 생활을 영위하며, 농민을 지배하는 위치에 있었다. 더구나 실질적으로 세습되는 토지가 많았고, 국가의 토지 지급 대상에서 천인, 양인은 제외되었다.

그렇다면 토지는 누가 관리하는가? 토지국유제였기 때문에 토지 최고 관리자는 형식적으로는 왕이었지만 실질적으로는 양반관리였다. 양반관리는 수조권을 가지고 농민에게 지대를 받으면서 그들을 예속하는 지위를 누렸기 때문이다.

그리하여 국가는 양반관리들에게 수조권을 양도하는 동시에 농민의 사용에 대한 계약자적 위치에 있었다. 자연스럽게 국왕−양반관리−농민 사이의 역학관계가 형성되었다. 결국 농지 경작자와 왕의 소통관계는 형식적이었고 실제로는 관리가 중간자 역할을 했다.

토지 소유자인 양반관리와 생산계급인 농민과의 소통관계에서 주목할 점이 있다. 토지 소유권자인 양반은 노동, 생산 활동에 직접 참여하기보다는 공공관리 수준에서 농업을 '간접 경영'했다. 왕을 대신해 생산자인 농민들과 소통하고 농업을 관리하는 역할을 갖게 된 것이다. 그 결과 농업이 산업화되었지만 확대재생산을 이루는 데는 크게 기여하지 못했다. 그와 더불어 양반관리들은 중간자 역할을 하며 향촌의 사회문화를 형성하는 데도 앞장섰다. 이런 역할은 당시 사회 여건을 감안해 왕이 부여한 것이다. 왕은 이 과정에서 권력을 함부로 남용하지 않도록 제도적 안전 장치까지 마련해 두었다.

생산관계와 사회관계

조선시대의 사회·경제 소통은 어떻게 형성이 되고 이루어졌을까. 공동체 구성원들 사이의 인간관계나 사회관계는 당시의 원시농업 생산관계를 기반으로 해서 형성된다. 그 중심을 차지하는 관리나 양반층의 인간관, 사회 질서의식이 관계를 엮어 주는 이념이었다. 근세조선에서 자작농적인 양민, 전호적佃戶的인 농민들에 대한 관계 소통의 가장 전형적인 모습이었다.

먼저 농민에 대해 양반은 어느 정도의 책임성을 의식하고, 생산을 위한 인적 자본을 소중하게 여기면서 소통했다. 유교의 인본주의가 삶에 바닥까지 자리했기 때문이다. 권력을 겸손하게 사용하려 애쓰는 왕의 모습에서 양반들이 학습한 것이다.

또한 왕도를 벗어나면 시정해 주어야 하는 지식인의 의무를 소중히 여기며 책임을 지녔다. 왕과 관리들 간의 소통제도가 일찍 정착되고 지식사회의 분위기가 깔려 있었던 덕분에 이 같은 분위기를 존중했다. 이 모든 사회 의식이 양반과 농민의 관계에서도 직간접적으로 적용되어 내려왔다.

사회문화적 환경에 따라서 생산 활동을 담당하던 농민들도 상향 소통 지향성을 갖게 되었다. 양민의 자작농을 생산 기초로 해 사대부층의 '계급적·협업적 지배관계'를 유지하며 소통관계가 이루어졌다. 지주양반에게 사적으로 예속되어 있었다 해도 전호제에 따른 전호 농민은 농사짓는 양반 사대부들과 함께 그 자체로 독립된 경리를 가진 생산주체로서 관계를 맺었다(김태영, 1978). 논농사를 주로 하면서 협업농 방식으로 운영되던 사회관계에서 소통 없이는 생산 활동이 이루어질 수 없었다.

그런 과정에서 농민층의 위상은 노역勞役적 농민으로부터 자작농적 양민으로 성장했다. 나아가 자작농을 하지만 생계유지가 어려웠던 양민층은 급기야 새로 간척한 서북지방으로 이주하여 지주의 사민으로 편입되어 갔다. 이로 인해 양민은 날로 줄어들게 되었다. 양민자작농과 소비계층인 양반이 생산에 참여하는 협업관계로 진행된 것이다. 토지 자원과 인간과 역사에 관한 '관계 인식'은 그만큼 성장했다.

이런 환경에서 최소한의 '협업적 소통'이 이루어진 점을 중요하게 봐야 한다. 양반계급들끼리는 지식의 향연을 즐기며 양반으로서의 품격을 유지하는 관계를 형성했다. 그와 동시에 그들의 생계를 보장해 주는 농민들과 사이에서는 좁은 범위에서 협업 소통을 이루었다.

맺는말

권력과 문화의 공진화

1. 소통하며 권력 선용

제도의 순항

근세조선에서 왕 중심의 소통을 제도로 만드는 것은 순조롭게 이루어졌다. 지식국가의 리더답게 왕과 우수한 관리들이 창의적으로 제도를 고안하고 추진했다. 더구나 당시 사회문화에 어울리게 맞춤조직으로 특화해서 그 특징이 두드러지고 체계적으로 자리를 잡았다. 앞에서 이 같은 소통시스템과 운용 흐름을 다각도로 살펴보았다.

소통제도의 네 귀퉁이를 받치고 있는 기둥은 합의제로 권력전횡을 막는 의정부, 간쟁논박을 담당하는 언관제도, 정책 결정의 이론 교화와 국무 회의인 시사, 열린 하의상달이었다.

자격시험으로 선발된 전문 엘리트 인력을 활용하는 문인 위주의 행정조직, 인사 통제 방법인 상피제, 인재 채용 과거제, 수전제 등은 이러한 맥락에서 마련되었다. 또한 왕의 특명으로 파견되는 암행어사, 인사고과제, 임기제, 회계감사인 해유제 등도 지방의 민중을 배려하고 소통하면서 제도화한 것이다. 신문고, 구언 같은 제도도 민중들과 직간접적으로 소통하는 맞춤 시스템으로 구축했다. 물론 이런 제도의 중심은 왕이었지만, 민중들의 사정을 파악해 소통하고 교류하면서 민본주의 통치 이념을 펼치려는 정책 활동이었다.

제도란 무릇 새로운 환경 수요에 따라 형성되고 운용된다. 앞에서 다룬 제도들은 새로운 조선에서 왕을 둘러싼 소통제도로서 필요해서 마련되었고, 새로운 시대환경에 맞는 가치를 반영해 신설된 제도라고 이해할 수 있다. 이를 사회문화라 부르고 이러한 움직임을 '사회문화력'이라고 보았다.

제도는 만드는 것 못지않게 뿌리내리는 것이 더 중요하다. 새로 만든 이 제도들은 사회문화적 수요와 더불어 이를 추진하는 '권력'이 함께해야 실천력을 담보할 수 있다. 그런 점에서 이러한 소통시스템들은 혁명으로 이룬 근세조선기 문화와 권력이 함께 추는 '아름다운 짝춤'이었다.

조선은 처음부터 인문지식, 유학, 문화를 바탕으로 형성된 지식국가였다. 이는 유학 이념에 따른 덕치주의와 민본정치를 실시하려는 통치 이념 아래서 왕이 스스로 덕을 함양하는 데 힘쓰는 문화에서 시작된다. 그리고 왕의 현명함을 보장하기 위한 박순채납博諏採納의 정신을 제도화한 조정공론朝廷公論도 지식국가의 행정 절차로 제도화된 덕분에 이루어졌다. 『조선왕조실록』에는 이 조정공론의 중요성을 거듭 강조하며 193건이나 언급하고 있다. 그 밖에도 사림공론, 여항공론 같은 말이 『조선왕조실록』에 자주 등장하고 있다.

이로써 공론을 중시하는 상하·횡적인 다양한 소통 전략은 과거제로 선발된 훌륭한 인재들과 함께 폐쇄적인 근세사회의 교류 울타리를 뛰어넘었다. 권력자가 권력을 남용하거나 민폐를 끼치고, 지방세력을 조성해 공공질서를 해칠 가능성이 많으므로 소통으로 해결하려는 왕의 책임 의지였다고 본다.

이처럼 시대정신과 사회문화를 잘 반영했는데, 이 제도들은 왜 '지속발전'되지 못했을까? 제도 자체가 갖는 한계, 제도 운용상의 현실부적합성과 부적응이 원인이다. 우선 언관제도에서 언관의 자질, 상소제의 방법이나 까다로운 절차도 문제였다. 암행어사도 사후조치에 그쳐서 운용 실효성이 낮았다. 고과는 평정 방법이나 평정자, 임기제는 운용상 문제가 미흡했다. 신문고는 실질 이용자의 제한 때문이고, 구언은 형식화, 임시 미봉책, 민의 조작 등에서 한계가 있었다. 뒷날 이 한계를 안타깝게 여긴 다산이 『직관론』에서 주장한 언관제 폐지와 유형원이 『반계수록』에서 사간원, 경연의 폐지를 주장한 것에는 소통제도의 아름다운 공진화 가능성이 사라져 가는 것에 대한 안타까움이 잘 나타나 있다.

그러나 제도 운용과 사회문화적 관계를 살펴보면 대개 제도의 환경 부적응, 환경 자체에 문제가 있다. 사회 소통이 효과를 보려면 몇 가지 선행조건을 갖추어야 한다. 오늘날 관점으로 보면 사회적인 다원성, 사회적 교화, 기본적 합의, 참여, 자유로운 정치 활동, 엘리트의 순환이 원활하게 작동되어야 한다.

그러나 근세조선의 폐쇄성, 민주의식 부재, 사회적인 계급의식 등으로 이러한 조건들을 잘 갖출 수가 없었다. 이뿐만 아니라 사회는 권력 사유화에 둔감한 관리들 때문에 투명하지 못했고, 당쟁의 소용돌이와 기성정치인의 권력 이해관계로 뒤얽혀 소통제도는 사회적 혼란의 희생물이 되었다.

더구나 백성들은 소수의 양반계층 외에는 권위주의적 정치행정문화 속에서 소통시스템의 존재 자체조차 뚜렷하게 의식하지 못한 채 삶을 부지했다. 정책이나 의견 투입 과정에 대해 기대나 관념 자체가 없었고, 정치 주체가 아닌 백성들은 무조건 복종하는 권력 객체의식만 가지고 있어서 참여와 소통은 당연히 이루어지기 어려웠다. 이러한 점에서 볼 때 조선시대의 소통제도는 바람직한 취지 속에서 개발은 되었으나, 제도 자체가 갖는 한계와 사회 여건 때문에 효과적으로 운용되지 못했다(이홍재, 2018).

역할의 존중

근세조선 소통제도에서 뜻깊은 것은 '역할에 대한 존중의식'이 바탕을 다져주는 사회문화력에 있다. 제도화된 역할을 존중하며 활동하게 한 것이다. 소통을 이끌어 가는 언관이 왕을 불편하게 하는데도 불구하고, 왕은 이 역할이 소중하다는 것을 명확히 인식하고 언론 활동을 존중했다. 더구나 관리와 권력을 나눠 갖고 나라를 이끌어 가는 왕은 관리들에게 역할을 주고 그것이 지켜져야 한다고 끊임없이 되뇌었다. 왕의 성격, 기질 등에 따라 비록 소통 방식에는 차이가 있을지라도 그 뿌리는 튼튼했다.

근세조선 관리들의 권력관계는 근세 상황 나름의 권력지향성을 지니고 있었다. 상하계급은 엄격히 규정되어 있었고, 고급관리와 하급관리의 경계가 명확해 승진에도 특별한 제한을 두었다. 또 무관보다 문관을 중시해 중요 관서의 책임을 겸직했다. 나아가 입법·사법 기능, 일반행정이나 군사조직도 미분화되어서 중앙에서는 의정부와 육조가 삼권을 모두 총괄했고, 지방에서는 관찰사와 수령이 삼권을 장악했다. 또한 궁중과 부중府中의 구별이 명확하지 않았고 오히려 궁중관서가 수적으로 많고 기능면에서도 강했다(김운태, 1980; 박문옥, 1975; 박상길, 1969).

중앙에 의정부와 육조를 두고 그 소속 관청이 있었으며, 지방은 중앙이 맡아 관리했다. 지방은 군현제도를 확립해 관찰사와 수령 사이의 소통 흐름을 유지했다. 한편 중앙정부에서 관찰사, 수령에 이르는 수직적 소통체제가 확립되어 중앙과 지방 간 간접소통이 제도적으로는 용이한 편이었다(박상길, 1969).

무엇보다 왕이 권력을 남용할 수 없게 통제 장치가 제도화되었고 작동했다. 또한 영의정, 좌의정, 우의정 삼정승을 수반으로 하는 통의 등의 합의제로 운영하며 정책 거버넌스를 이루어 냈다. 시사와 경연은 정치 교양 강좌로 시작했지만, 실제는 정책 토론을 위한 소통의 장, 왕의 독주를 막는 장치로 활용되었다. 상소, 성균관 유생들의 권당이나 공관空館을 무겁게 받아들여 그들의 의견을 삼정승 이하의 관리들도 들으며 '공동 인식', '공동 시동' 하도록 했다.

결국 근세조선은 유학적 문인관리시스템이 소통을 중시하고 각 기관의 책임자가 스스로 자임한 역할을 존중하면서 그에 맞게 제도화하는 기틀로 운용되었다. 역할에 대한 기대, 존중, 활동이 함께 소통을 이끌어 운영하면서 소통과 협력을 이루어 냈다.

민주사회인 오늘날에도 권력이 과도하게 집중되어 나타나는 부작용이 크다. 각자의 '역할을 무시'하고 전횡을 휘두르거나, '과거에 대한 저주'로 새로운 기풍을 살리지 못하는 안타까운 사례를 볼 수 있다. 또는 권한이 너무 커서 협력이 어려운 지경에 이르러 거버넌스나 국민 소통을 감당하지 못하는 경우조차 생긴다. 이러다 보니 청와대가 부처 역할 위에 군림하고,

국무회의는 토론 없이 '읽기와 받아쓰기'에 열중하는 수준에 머물러 있다. 최소 지지층만으로 유지하면서 임기를 버티는 데 급급하다 보니, 국력이 확장되지 못하는 형국을 우려하게 된다.

환경 따라 바뀌어

이러한 소통 장치는 사회문화환경의 변화에 따라 바뀌었다. 사회·경제 분야의 법제도 가운데서 과전법이 붕괴되어 조선 초기에 계획했던 경제 구조의 전면적인 수정이 불가피했다. 이를 계기로 근세조선의 소통체계 근간이 흐트러지게 되었다. 한편 사회적으로 기존 훈구세력과는 매우 이질적인 성격의 사람들이 등장해 지배세력이 교체되기 시작하면서, 소통보다는 오히려 관계 변화에 따른 갈등이 생겼다.

많은 역사적 사건들에는 연결고리가 있듯이, 조선 초기에서 중기로 접어드는 시점에서 발생한 이런 변화들은 서로 밀접하게 연관되어 있었다. 예를 들면 삼사의 기능 확립이라는 중요한 정치제도적 발전 과정에서 '사화'와 '반정'이라는 심각한 성장통을 겪었다. 그 뒤에 정치적 변화와 갈등, 그 폭발과 해결이 반복되면서 조선왕조의 기틀이 다져졌다. 그 가운데에서 사회문화력은 꿋꿋이 소통을 하면서 권력이 선용되도록 담금질을 해 주었다.

근세조선 왕 중심의 국정 소통 기틀의 키워드는 특이하게도 '견제와 균형'이었다. 각 계층으로 구성된 관리들의 세세한 임무 부여와 역할 설정과 같은 사회문화력이 오랜 조선의 정치권력과 함께 '공진화'의 디딤돌이 되었다. 세월이 한참 흐른 뒤에 군주제도가 환경을 맞춰가지 못하자 정약용 같은 이가 '천자란 민중이 추대해 된 것'이라는 군주선출론을 주장하기에 이른다.

2. 문화적응의 지형도

권력 투쟁 아닌 지식 논쟁

왕이 소통을 강조하면서 실천하려고 특별히 애쓴 것은 지식국가 조선의 국정 운영 기조였다. 단순하게 권력집착적인 것이었다면 무력을 동원해 편하게 집행했을 텐데, 문인 중심의 문화력을 바탕으로 삼았다. 무인이 아닌 문인들이 펼치는 다툼은 겉으로는 권력 투쟁으로 보일지 몰라도 사실은 '지식 논쟁'이었다.

만약 권력 투쟁의 요소로 가득했다 하더라도 자세히 보면 그것은 전문 소통의 한계인 '지식의 저주'였다. 지식 다툼에서 밀리면 폭발 이전의 잠재 상태가 유지되다가, 정치 지배권력의 위기에까지 밀리면 폭발하면서 권력 다툼으로 비화된다. 그리고 그 종착역은 지식의 출처라고 할 수 있는 인력 자원까지도 유배보내거나 멸실시키는 권력의 잔인함이었다.

그런데 안타깝게도 지식 다툼에서 다루는 알갱이는 생활의식을 주로 하는 공동체 의례 규정에 관한 것이었다. 이러한 논쟁들은 실용성이 낮아서 겉보기에는 탁상공론에 땀 빼는 것으로 보인다. 이런 논의에 참여하는 대상은 사림 또는 양반 등 유한계층에 국한되고, 서민층은 접근할 여유조차 없다 보니 '지식의 확산과 공유'에까지 이르지는 못했다. 하지만 다툼의 알갱이가 사회공동체 발전에 장애물이 되거나 농업경제에 피해를 끼치는 데까지 이르지는 않았고 사회문화력을 키웠기 때문에 오히려 다행이다.

건강한 짝춤

경연, 홍문관, 유생 등의 활동은 집단적으로 이루어졌기 때문에 왕에게는 위협적이었고, 반대편으로부터는 크게 주목을 받는다. 관리나 언관들의 집단 활동은 자율적이었고, 행동 방식이 매우 건강했다는 점을 특징으로 들수 있다.

싸움이 건강할 수 있었다면 그 배경은 무엇인가? 그 배경에는 제도, 환경, 사람이 적지 않게 영향을 미친다. 참여자들의 가치관으로 면면히 내려오고 있는 것들은 사실상 조선시대가 그토록 소중히 여기던 가치들이다.

조선 초기에는 당시의 사회문화적 의미를 모두가 공유하는 것이 중요했다. '공동 인식'을 바탕으로 국가 발전의 '공동 시동'을 걸어야 하기 때문이다. 당시는 국가전략상으로서도 사회문화적인 소셜디자인이 중요했다. 이러한 목적을 달성하는 수단으로 문화가치를 활용했으니 얼마나 건강한가. 정치의 목적이되 피비린내 나는 권력 투쟁을 벌이거나 세력장악을 위한 원시 투쟁이 아니었다. 공동체 문화가치를 확산시켜 혁명으로 세운 땅에 뿌리내리게 하려는 것이었다.

그러므로 조선 초기의 소통을 위한 제도적 장치를 권력 관점에만 치중해서 논의하는 것은 편협한 생각이다. 권력 활동에 사회적으로 상호 작용하면서 일어나는 사회문화력 작용을 크게 보아야 한다. 왕이나 권력집단 활동들을 사회문화적인 '의미의 생성과 변화'라고 하는 관점에서 현미경을 들이대 보아야 한다.

그런 환경까지 고려해 보면, 권력 싸움으로 비치고 있는 것들 가운데서 사실상 사회문화력 다툼이었다고 해석되는 부분이 있다. 그것은 새로운 '문화지형도' 구축에 연관된 문화활동이다. 그 점에서 세력 싸움으로 보이는 언론 활동은 사회문화력의 논리 싸움으로 해석할 수 있다. 예를 들면 조선 역사에서 대표적인 사화로 꼽을 수 있는 보수적인 훈구파와 개혁적인 사림파 사이의 피비린내 나는 대결은 연산군의 권력 남용이나 패륜 때문만은 아니다. 문화지형도 구축 과정에서 '삼사의 언론 활동을 경고하는 것'으로 이해하는 연구도 있다(김범, 2015).

성종 때부터 연산군을 거쳐 중종에 이르기까지 일어난 세 번의 사화도 문화지형도상에서 다시 해석할 수 있다. 이 과정에서 '국왕-대신-삼사의 구도'에 주목하자면, 그 지형도는 『경국대전』이 완성되고 난 뒤에도 더 많은 논란을 거친 뒤에 비로소 뿌리를 내린 것이 뚜렷이 드러난다. 그리고 이 독특한 지형도는 조선 후기에 이르기까지 제도의 토대를 닦는 데 기여했다.

양사 중심으로 이루어지던 언론에 홍문관을 참여시켜 삼사로 운영하게 된 것도 일차적으로는 언관의 비대화를 막으려는 것이지만, 이차적으로는 새로운 문화지형도를 구축하는 적응 과정이었다. 결국 훈구파의 권력 남용을 잠재우고 개혁을 이루기 위한 여정이라고 볼 수 있다. 또한 언론 활동이 활발할 때는 나라가 융성했으나, 언론이 붕괴되자 나라가 피폐해졌다고 말하는 실학자들의 지적도 이 같은 문화지형도에서 잘 되새겨 보아야 한다 (이규완, 2009).

'역사적 의미의 생성 과정'이라는 점에서 우리는 삼사의 존재와 활동을 문화력 관점에서 새로 보아야 한다. 정치 대립 또는 훈구-사림 간 지식 싸움으로 보고(김범, 2015), 문화지형도에 소통과 사회문화력이라는 날줄에 좌표를 찍고 왕-삼사, 공공-관계라는 역할을 씨줄로 잡아 볼 때 더 큰 의미를 찾을 수 있다.

다시 말하면 이 문화지형도에서는 각자의 활동 주체들이 '역할'을 스스로 설정하고 충실하려고 노력하는 모습이 보인다. 지식인들의 순수한 행동 원리로서 자기 자신에게 거리낌 없이 스스로 찾아 낸 '의미'를 확고하게 지키려는 활동인 것이다. 이 점이 정치권력과 다른 차원의 '사회문화력'이다.

이런 관점에서 삼사의 언론 활동은 정치 싸움의 무대에서 '독무'를 춘 것이라기보다는 사회문화력과 함께 손을 잡고 '짝춤'을 춘 주체적인 역할이었다. 권력 싸움에서는 누가 권력자인가 하는 표면적인 사실이 핵심인데, 사회문화력에서는 현상의 배후나 심층적인 구조를 이루는 '문화적 힘'의 흐름을 주목한다. 주체들의 행동을 특정화해서 각각의 상호 작용을 파악하는 것이다. 그래서 사회에 널리 퍼져 있는 가치인 유학 이념, 지식집단의 논쟁점, 소통 경로, 과거나 상소 같은 진입 구조 등이 손을 내밀 때 짝춤이 이루어진다.

사회문화력 크게 봐

정치집단이 권력을 휘두를 때는 전면에 주도세력이 막강하게 나서므로 그 집단만 돋보인다. 더불어 그 집단을 둘러싼 제도, 바닥에 깔린 행태, 겉으로 나타난 행동이 모두 함께 드러난다(君塚, 1996).

그에 비하면 사회문화는 사회 여러 영역에서 역할을 나눠 가지게 되어 힘줄이 돋보이지 않는다. 따라서 사회문화력 관점에서 지배와 종속, 상호 소통관계, 조직 구조 등도 살펴보아야 하는 것이다. 사회문화력을 중심에 두고 볼 때는 '지배' 개념보다는 '관계' 개념을 크게 집중해 보아야 한다.

우선 사회문화력은 기본적으로 '주도적으로 이끌어 가는 관계'에 주목한다. 당시 사회를 이끌어 가며 영향을 미치는 보이지 않는 힘이 가져오는 사회 특징을 포괄적으로 파악해야 한다. 결국 근세조선 사회문화지형도에서 세력끼리의 주도 싸움은 문화적인 힘이 강하게 작용했는데, 이를 사회문화력이라고 부를 수 있겠다.

소통을 논의하면서 사회문화력을 구성하는 요소 네 가지를 살펴보았다. 바로 제도, 사회적 가치, 주도력, 추진 전략이다. 먼저 사회적 가치란 공감대(왕, 관리, 지식계층 사이), 공동 시동(사회가치로 존중받는 사상을 함께 가짐), 공공성 의식을 갖춘 상태를 말한다.

제도란 당연히 법, 제도화, 시행 관행을 포함한다. 주도력이란 어떤 일을 추진하는 주도세력의 존재, 집단지식화를 말한다. 그리고 추진 전략은 집단의 구조화, 집단적 행동을 가리킨다. 이런 요소와 그 하위 활동들이 합해져 사회문화력이 구축된다.

그렇다면 조선시대에 사회문화력은 어떻게 형성되었을까. 조선시대 사회사상의 근간이 공감대를 형성하고, 공동 시동의 전략적 확산을 거쳐서, 사회문화로 뿌리 깊게 자리 잡았다. 그리고 그 뒤 이어지는 시대를 따라 전래되어 온 것으로 본다.

예를 들면 조선시대 성리학 연구자는 소수였고 사회에 울림이 그리 크지 않았음에도 사회 속 전반에 그 가치가 확산되었다. 그리고 조선사회를 이끌어 가는 공통의 가치로 자리를 잡았다. 조선사회에서 성리학은 국가, 사회, 개인들의 삶에 적용되었다. 그 결과 욕망 자제, 검소, 겸손의 정신을 바탕으로 하는 유학적 명분을 사회공동체 경영에서 중시하게 되었다.

아울러 사회문화를 이끌어 가던 리더층인 선비들은 성리학 이념 가운데 의리와 명분을 핵심으로 삼아 이를 바탕으로 하는 삶을 높게 평가하고 따르려 했다. 이러한 사회문화력은 오랜 기간 한 곳에 정착하며 함께 지내 온 우리들에게 현대사회에 이르기까지 사회문화 DNA로 자리 잡아 전해 오고 있다. 왕과 관리들의 청렴과 도덕성은 사회적 덕목으로 유지되고 급기야 국가를 이끌어 가는 자생력으로 형성되었다.

터 잡은 사회문화력

조선시대의 사회문화력은 이와 같이 공동 인식, 공동 시동 메커니즘의 작동을 거쳐서 마침내 조선의 통치 이념이었던 공공성의 제도화를 촉진하는 데 이르렀다. 앞에서 논의한 바를 바탕으로 그 특징을 다음과 같이 정리할 수 있다.

먼저 유학적 교리인 공공성 질서의식이 생활토착화되어 공공사회환경으로 작용한 점이 돋보인다. 공공성 질서의식의 발원은 바로 유학지식의 교리였으며 이것이 공공사회의 활동 토대로 작용했다.

하지만 공동 인식, 공동 시동까지는 이어졌으나, 공동 창발까지 나아가지는 못했다는 점이 아쉽다. 제례나 의식 같은 공동체 사회문제에 대해서는 공동으로 논의하고, 시동을 걸어 운용하는 데는 문제가 없었다. 그러나 공동의 창발 활동이 이루어지지 못한 채 '집단의 힘' 결집으로 사회 에너지를 만들어 내는 정도의 수준에서 그쳤다. 사민 계급제도는 양반계급이 공동 인식을 이뤘음에도 불구하고, 상민들의 복종 근거였던 유학적 상명하복을 근간으로 삼아 지배 논리로 활용하는 데 그쳤다.

공동체 운용에서 공공성을 강조한 것은 실용적이면서도 다면적이다. 우선 공동체 연대의식 형성을 위한 사회관계자본을 구축하는 데 종친회, 계급 간 차이, 윤리 기준 규제 등이 작동했다. 그리고 공동체 책임을 엄격하게 적용해서 충실하게 역할 배분을 따르도록 했다. 이를 위해서도 양반지주들은 성과에 대한 대가 지급의 청부 개념인 영농을 공동체 리더십의 근간으로 중시했다. 착취나 하청이 아니다. 또한 씨족집단에 질서를 유지하는 기본 이념으로 종재, 종중 활동을 이끌었고 종파별 사당과 집단 제례의식의 외양을 중시했다.

이에 덧붙여 정치·경제환경은 제도 수행의 촉발제로 작용했다. 권력 연구의 관점에서 보면, 경제적으로 양반 중심으로 사유화를 진행해 재산을 지키기 위해 권력을 왕과 나눠 가지려고 노력한 것으로 비칠 수도 있다. 그러나 사회문화력 관점에서 보면 양반으로서의 명예를 유지하면서 경제 생산 경영의 책임자 역할을 한 것이다.

양반은 경작자는 아니었지만 농업 경영인으로서 사농에 집중하면서 자급자족 생산체계를 누렸다. 창조적 정착이 이루어지지 못한 측면에서 보면

이 때문에 왕과 신권의 불안정한 관계와 왕의 성격에 따른 가변적 상황이 생기기도 했다. 결국 사회문화력 요인이 전에 없던 사회를 디자인해 적응 지형도를 만들어 가고, 소통에 관련된 제도화를 고착시키는 데 기여했다.

그렇지만 비판적 관점에서 보면 '공공성을 내세운 위민행정'을 왕과 국가 경영 리더층들의 개별적인 이익을 사회 전체 이익으로 동일시하는 현상으로 볼 수 있다. 지방 거주자들을 '애민정신으로 관리'하는 것도 생산 기반을 공유하면서 지속경영하려는 이해관계가 맞아떨어졌기 때문이다. 하지만 이 점은 사회가 역할 배분이 미분화된 상태에서 적정사회로 가는 길목에서 나타난 현상이다.

권력보다 인력에 더 기대

조선시대는 어떻게 오랫동안 이어졌을까. 왕의 올바른 통치로 장기 문화국 가의 위상을 갖게 되었기 때문이라는 견해가 그 배경 논리로 설득력이 있 다(정옥자, 2012). 그런데 이를 왕 개인의 역량이나 관리들의 활동만으로 이루어 냈다고 보기는 어렵다. 교육과 인재 중시 풍토의 사회문화적 확산 이 뒷받침되었기 때문이다. 이를 확고하게 보장하는 과거제 장치가 한 몫 을 했다.

물론 인문지식과 인재를 중시한 것은 유능한 관리 채용 활용에 뜻이 있겠 지만 결과적으로는 '문화권력층'을 강화하게 되었다. 문화력의 기초를 닦았 던 셈이고 그 결과 사회문화적인 성취가 높아졌다. 인력 선발 과정부터 섬 세하게 제도화했고, 지역사회에서까지 교육과 인재를 중시하는 사회문화 력이 펼쳐졌다.

왕의 소통

중종 때 등장한 조광조는 과거를 거쳐 중앙에 진출한 엘리트였는데, 그가 집단세력으로 선발한 이들은 대개 현량과를 통해 특채된 인재들이었다. 권력집단으로 성장한 그들과 함께 도덕정치를 주장하면서 부패정치 지도자들인 훈구파 그룹들과 치열하게 싸웠다. 여러 공방이 이어졌으나 결국 훈구파의 음모에 걸려 좌절하고 실패한 뒤(기묘사화, 1519년) 이에 대한 대결과 보복이 이어진다. 이러한 '권력의 저주'가 과거제를 문제시해 제도 자체를 시행하기 힘들었던 안타까움이 크다. 권력과 인력을 동일시하며 '제도의 저주'를 등장시키는 어리석음인 것이다.

그리하여 과거제의 폐해에 대한 해결책을 논의하는 여러 견해들이 등장하는데, 그중 하나가 유형원의 공거제貢擧制였다. 이는 학제와 과거제의 장점을 모두 살려 오늘날의 로스쿨처럼 학교 교육으로 능력 있는 인재를 학교 추천으로 뽑는 개혁안이다.

이때 기준은 덕행과 도예였다. 과거제도를 개혁해 시험을 5년 간격으로 실시했고 비정기시험 폐지, 신분적 제약 없는 인재 선발을 추구했으며, 성균관과 향교를 일원화하자고 주장했다. 매우 급진적이었고 지식사회의 실용적 정착을 온전히 실현하려는 '인력 양성' 정책안이었다. 채택되어 활용했다면 효과적인 인력중심사회를 담보할 수 있었을 것이다.

3. 공진화 기틀 마련

순화하며 적응

앞에서 개국이라고 하는 혁명적 전환기에 소통시스템이 생존과 번식에 유리한 '형질'을 가졌는지 살펴보았다. 소통 관련 제도는 잘 갖추었지만, 실제 운용에 있어서는 왕의 통치 방식에 따라 부분적으로 '적응적 순화'와 함께 '단절적 진화'를 거쳤다고 논의했다.

이는 세 가지의 유형으로 나눠 설명했다. 첫째, 제도의 취지를 극대화시켜 운용하던 시기로 영조, 정조 때가 여기에 해당된다. 바로 '공진화기'이다. 둘째, 제도의 취지를 지키면서 운용하던 세종, 문종, 성종, 숙종 때는 '적응적 순화기'에 해당된다. 셋째, 제도 취지를 잘 살리지 못한 태종, 선조, 연산군, 광해군은 '단절적 진화' 시기였다. 이러한 적응순화기가 있었지만 왕이 언론 활동을 강력하게 통제하지는 않았으며, 관리의 역할을 존중해 위상을 깎아 내리지도 않았다. 결국 언관 활동의 목적과 역할을 지켜주고, '권력 선용'의 길목을 지켜주는 가운데 공진화 기틀이 마련되었다.

조선시대가 사회적 통합의 어려움을 제대로 극복하지 못했다고 비판할 수도 있다. 그 뿌리에는 부정부패와 권력 남용 때문이라는 지적이 있다. 바로 이러한 요인을 활발히 견제했을 때 왕권이 오히려 강했고, 국력이 왕성했으며, 국가 사회문화력이 활발해 생기 넘쳤다.

순조 이후 언론은 사실상 유명무실해졌기 때문에, 세도정치를 견제할 언관 활동도 약해졌다. 외척 가문들(풍양 조씨나 안동 김씨)이 권력을 독점하고 왕이나 언론 역할이 이루어지기 어려운 환경이 문제였다. 언론 활동이 취약했던 역사의 비극은 이처럼 왕마다 각기 다른 환경에서도 꾸준히 이어져 내려오다가 집단적인 권력 독점 앞에서 힘을 발휘하지 못해 마침표를 찍을 수 밖에 없었다(이현정, 2008).

왕의 인품, 왕권의 강약, 언관을 대하는 왕의 자세 등 왕의 개인적 성향에 따라서 언관 활동의 변화가 불가피했다. 물론 정치적 분위기나 언관 개인의 자질과 사명감에 따라서도 언론 활동에 영향을 미쳤다. 왕권이 강한지 약한지에 따라서 언관의 영향이 크고 작게 다른 모습으로 나타났다. 아무래도 왕권을 규제하는 활동이 이루어지면 현실적으로 전제적인 권한을 갖고 있는 군주와 갈등이 생길 수밖에 없다. 이와 반대로 왕의 의지에 따라서 언관이 정치 도구로 이용되는 경우도 볼 수 있다.

역사에 변명이 가능하다면, 사회문화환경이 발목을 잡지 않았다면 언론 활동은 제한적으로나마 적응적 순응을 이루어 냈을 것이고, 좋지 않은 환경 속에서도 진화의 토대를 유지했을 것이다.

유학 기반의 사회문화력이 권력 선용제도의 순응에 긍정적인 영향을 미쳐왔는데 권력이 찬물을 끼얹은 것이다. 결국 언론 활동이 이루어지는 것을 언관과 왕의 관계만으로 파악하는 것은 매우 단순한 접근이다. 경연이나 사림 활동들과 겹치면서 언관과 왕의 관계는 더 복잡하게 전개되어 여러 과정을 거쳤고 공진화 기틀을 다지게 되었다(김영민, 2012).

보이지 않는 조율

언관활동은 왕권보다 신권을 견제하는 데 더 중점을 두며 운영해 보이지 않는 조율을 이루어 낸 효과도 있다. 성종 때 언관은 왕보다는 집행 업무를 담당하는 관리들을 주된 대상으로 삼았다. "대신과 언관이라고 하는 두 마리 호랑이가 싸우는 것 같다"고 성종이 탄식할 정도였다. 성종은 마침내 대신과 언관의 역할을 조율하게 했고, 언관이 비대해지자 홍문관을 강화해 순화하게 했다. 이로서 조선시대 소통제도 가운데서 특유하게 '왕–대신–삼사'라고 하는 구도가 마련되었다(김범, 2015). 더구나 필요에 따라서 이들은 연합해서 활동했다. 대신과 삼사가 연합해 왕을 견제하거나, 왕과 대신이 연합해 삼사와 조율하기도 했다.

당초 소통제도의 취지는 조직과 인사관리를 활발히 해 국정 전반의 순화 역할을 기대한 것이었다. 상부에서 정책을 포괄적으로 심의하면 실제 집행을 담당하는 의정부와 육조는 현실적·보수적 입장에 서기 쉬웠기 때문에 원래 정책의 원칙 혹은 취지에서 벗어날 가능성이 있었다.

그래서 이 하위정책 과정에서 탄핵과 간쟁을 맡은 언관의 역할이 중요했다. 이들의 역할에 따라 다시 애초의 정책 취지가 도덕적으로 재조명되고 민심에 제대로 전달될 수 있게 했다. 이는 순화 역할과 함께 순기능적으로 발전하는 모습이다.

그렇지만 대신과 언관의 역할은 서로 다르고 고정적이었으며 그 구성원은 언제나 유동적이었다. 당시 유망한 관리들은 거의 대부분 언관을 거쳐 대신으로 승진했다. 운용 과정에서 인사행정에도 변화를 기했다. 임기가 짧아지고 인사이동이 잦아졌으며 재임용되는 비율이 늘어났다.

이 부분은 특히 중요한 의미를 갖는다. 일단 파직되어도 상당수가 다시 그 관리에 임용되므로 '과감한 탄핵'과 '간쟁'에 거리낌 없었을 것이고, 자리에 연연하지 않고 적극적으로 자기 역할을 할 수 있었다. 이는 경합하면서 서로 적응해가는 것으로 '경합적 공진화'보다는 '이타적 공진화' 초기 모습과 비슷하다. 다만 국정조직과 인사관리 운영에 얼마나 도움을 주었는지는 좀 더 분석을 해봐야 할 것이다.

왕은 언관들이 언론 활동을 하면서 지켜야 할 선을 제시해 준수하도록 했다(이규완, 2004). 하지만 그들의 활동에 대해 처벌하지 않았고, 오히려 역할을 소홀히 하면 책망을 할 정도로 자유롭게 해 주었다. 또한 권력 대립과 긴장관계를 조정하는 데 언론 역할을 최대한 보장해 주며 언관을 활용한 사례도 있다. 물론 조정이 쉽지 않았음에도 관대한 리더로서의 역량을 발휘해 삼사를 적절히 활용한 성종의 사례들이 돋보인다.

조정을 한다고 하면서 왕이나 언관이 역할을 벗어나 정치 활동을 하거나 특정 정치세력과 야합하지는 않았다. 왕에 대한 탄핵이나 관리들의 부정에 대한 감찰은 그들의 기본 업무였다. 그렇지만 이 활동을 넓혀서 정치와 연관된 활동이 이루어진 것은 없었고, 특히 정치세력이 사주해 탄핵이 언론에 동원된 예는 없다.

한편 언관이 왕을 도와 왕조의 기틀을 다잡는 역할을 한 사례도 있었다.

예를 들면 왕이 정치 질서를 바로 잡고 관기를 세우기 위해 쩔쩔매고 있을 때 언관이 문제 인물들의 숙청을 건의한 적이 있다. 또한 사병혁파를 단행하는 것에 반대하는 공신을 탄핵하자 정종이 이를 받아들여 질서를 잡고 오히려 왕권을 세우는 데 도움을 주기도 했다.

훌륭한 대사헌의 활동이 돋보였던 성과를 바탕으로 해서 제도를 발전시킨 경우도 있다. 율곡은 대사헌의 역할에 기강과 풍속교정을 새로 추가하며 역할을 확장시켰다. 그런가 하면 조광조는 약관 38세에 대사헌으로 활동하면서 반대 측인 훈구파를 긴장시켰다.

제도에 대한 순응과 불응

제도는 사회 속에서 올바른 방향을 인정하고 행동에 정당성을 부여한다. 제도는 사회시스템 속에서 운용될 때 합의된 정당성, 경험된 객관성, 실천 강제성을 갖는다. 그 밖에도 외부에 대해 도덕적 권위, 역사성을 갖는다.

일찍이 제도화된 조선의 언관제도는 국정을 안정시키려는 차원에서 모든 최종 결정권을 가진 왕에게 직접 요구해 문제를 해결하고 목적을 달성하려고 했다. 합의된 정당성을 바탕으로 대신들의 횡포를 억제하는 국가의 자기관리시스템으로 정착했으며 지방을 통제 범위 내에 두고 지방자정력을 제고하며 민중의 억울함을 해소하려고 했다. 운용 결과는 순응과 불응 사이에서 제도 실험을 피하기 어려웠지만, 그 가운데서 생존과 발전에 유리한 형질을 갖게 되었다.

사실상 언론 활동은 실제로 운용되면서 생겨난 문제를 처리하기가 쉽지 않은 경우도 있었다. 상소를 올렸어도 왕이 수용하지 않을 수도 있기 때문이다. 이처럼 언관은 왕의 모든 활동에 개입하므로 무엇을 중점적으로 운영하는가에 따라서 새로운 역할이 설정되는 자리이다.

반면에 왕이 나서서 이들을 무시하면 그 역할은 순기능을 살리지 못한다. 마침내 왕과 간원의 마찰이 심각해져서 결국은 소통제도가 불통을 부추기는 일까지 생겼다. 성종은 언관이 왕의 인사권에 간섭하는 것으로 판단해 "이는 임금을 우습게 여기는 것이다(성종 24년)."라고 화를 낸다. 연산군의 경우 "언관 역시 신하인데 꼭 임금으로 하여금 그 말을 다 듣도록 하는 것이 옳은가. 그렇다면 권력이 위에 있지 않고 언관에 있는 것이나 마찬가지이다. 나라가 위태로워지는 근원은 권력이 아래로 옮겨지는 데 있다."(연산군 2년)라고 말한다.

간혹 역사 드라마에서 왕들의 부정적인 면을 유난스럽게 부각시키며 시청률을 높이는 경우가 있다. 무능한 왕들이 체제 순응적인 보수성을 떨쳐내지 못하고 우왕좌왕하다가 외세 침입으로 망했다는 것이다. 이는 왕에 대한 편견이고, 이런 평가는 잘못된 기준을 전제로 깔고 제작한 오류이다.

체제 유지에 실패한 원인을 절대권력의 허구 속에서 찾아 스토리를 만들기 때문이다. 사실은 팽창주의의 불순한 의도와 침략 정당성을 찾으려는 일본학자들의 역사관에 부화뇌동하다 보니 나온 결론이다. 국가 경영에서 생긴 내부 관리 책임을 최고권력인 왕 1인에게 몽땅 전가하는 것은 옳지 않다.

소통에 관한 부정적인 논의도 이와 같은 맥락에서 이루어진 것이 많다. 당쟁의 배경과 순응에 대해서 일본 학자들의 견해를 따른 것이다. 그 결과 사림들이 중심이 되어 일어난 당쟁은 오명을 뒤집어 쓴 채 오늘날까지 분파주의와 파벌중심주의라는 비난을 고스란히 받는다.

당쟁은 지식 중심의 조선사회에서 생겨난 역사적·지적 산물이다. 그리고 그 당시의 수요를 다 충족시키고 사라진 정신문화일 뿐이다. 더구나 사색四色이 동시에 붕당정치의 회오리를 일으켰다고 하는 것은 일제 식민사학이 남긴 억지이자 민족 비하의 오명이다. 당쟁은 나름대로 사회문화적 현상으로서 상호 견제하고 감시하면서 정치의 부정부패를 막고 권력 선용의 길을 재촉하는 데 기여했다. 한편으로는 조선 후기 사회의 청사진을 마련하는 등 순기능도 있다고 봐야 한다는 견해(정옥자, 2012)에 동감한다.

결국 왕의 입장과 관리의 입장을 적절히 조절해 왕권과 신권의 원활한 소통을 이루어 냈다. 사실 절대왕권을 부하들에게 나누고 스스로 통제받는 것은 부분적으로만 가능하다. 유학 이념에 충실한 정치를 하려는 왕과 신하의 입장이 맞아 떨어져서 분권화했다고 보아야 할 것이다. 분권이 잘 유지되는 경우에도 왕의 성향에 따라 집권된 경우가 있을 것이다. 왕권과 신권을 조화롭게 유지하는 제도 실험 과정에서 순응과 불응이 어지럽게 나타나는 결과를 가져왔다.

사회관계자본의 디딤돌

언관제도는 전반적으로 근세조선의 권력과 사회문화의 순화靜化에 기여했다. 혁명으로 일으킨 전환기의 소용돌이 환경에서 무엇보다 공공성을 중요시하고, 이를 바탕으로 국정 운영의 안정을 위해 건강한 비판과 상호관계를 창의적으로 제도화했다. 오늘날 서양사회에서 이론화한 '사회적 자본'은 이미 그 당시 조선에서 훌륭하게 구축되어 있었다. 현대적 관점에서 이를 미래사회 공진화로 연결시키는 것이 중요했고 가능성도 있었다.

취지와 제도를 적응적으로 순화하는 데 핵심적인 내용은 모두 갖췄다. 우선 유학을 기반으로 해서 사회 전반에 질서화된 사회문화를 소화한 왕과 관리들이 소통제도를 마련했다. 그리고 '전문성+역량+인성'을 종합한 인물을 선발해 이를 운영하도록 했다(이흥재, 2018).

그렇게 시스템을 갖춰 운영하는 데 있어서 유학에 바탕을 둔 '역할' 개념을 매우 중요하게 여겼다. 그리고 이에 충성을 다하는 유학정신이 체화되어 권력 선용의 순화력이 모든 정책 과정에 적용되었다. 사회 전반에 걸쳐서 적응하기 위한 사회적 롤(role)을 시스템으로 구축하면서 이를 효율적으로 운영하는 데 필요한 주체, 물적 존재, 제도적·구조적 상호 작용을 세심하게 배려해 제도화했다.

왕의 소통을 뒷받침하는 권력과 사회문화력에 관련된 공진화 생태계의 질서를 다시 정리해 보자. 가장 핵심 내용은 공공성을 기반으로 공진화 생태계를 '존중'했다는 점이다. 이런 공동 인식, 공동 시동이 사회문화 생태계 구축에 결정적으로 기여했다. 그리고 공진화에 관련된 제도, 인력 등을 전략적으로 선택해 지속발전, 공동 네트워크 활동을 이루어 냈다. 이러한 네트워크 기반 협력은 공진화 생태계를 발전시키는 데 의미있게 작용한다(이흥재, 2018).

조선시대에서는 문자를 발명하고, 기록을 소중하게 여기면서 각종 전례와 규범을 데이터로 전승하고 정책 일관성을 유지하는 심각한 논쟁을 즐겼다. 데이터의 개발, 유통, 활용체계의 구축은 당시 지식의 구축 과정이었다. 매우 혁신적인 사회의 규제체계를 설계해 사회 전반에 적용했으며, 사회 질서 유지와 협업적 농업 경제체계 유지에 도움이 되도록 운영했다. 또한 공진화에서 중요한 요소인 '인재'를 발굴, 활용하는 데 있어서 뛰어났다.

다시 말하면, 지식국가 조선은 다양한 선발, 유지, 발전 기회 제공과 같은 매우 지능적인 행정 기술을 제도화했다. 높은 사회적 관심 속에서 핵심인재를 양성하고, 전문 인력을 교육하고, 사회 전반에 확산시키며, 인재를 유치하는 논의를 계속 전개했다.

유학의 사회 확산으로 지식국가 운영에 필요한 엘리트 교육학습과 인재 양성을 연계시키는 공교육, 사교육을 중시했다. 고도의 윤리교육 활성화, 왕을 위한 맞춤교육 실현, 공공교육체계 개편, 기술 핵심 인재 양성, 전문관리 양성 인력교육 확대 등이 당시 사회에서 매우 선진적이었다.

일자리와 관련해서는 일거리가 그리 많지 않았고 사민계급으로 나뉜 사회 구조였는데도, 농업을 담당하는 측과 자급적 상공업, 행정서비스업 등이 명확히 구별되어 있었다. 다만 상호 소통이 어려운 환경 때문에 생산성에 관련된 시장경제의 유통 거래는 제한될 수밖에 없었다. 사회 질서를 유지하는 윤리는 사회안전망을 강화한다던가, 인본윤리 정립으로 공공차원에서 최소한의 제도를 갖춰 나갔다.

혁명으로 이루어진 근세조선에서 소통에 관련된 창조적 전문화 시스템이 발전했다. 이것이 아시아 이웃 국가들에게 사회문화적으로 모범이 되면서 글로벌 상위 수준의 활동이 많아졌다. 그런 과정에서 조선의 사회문화력은 적응지형도를 구축했다. 또한 제도 형성, 통제 순응 공진화 기틀을 만들어 가면서 정치 관점과 사회문화 관점이 서로 영향을 미치며 '짝춤'을 추게 되었다. 이 과정에서 소통제도가 적응적 순화와 더불어 공진화 문턱에 이르렀지만 환경 및 생태계와 조화롭게 연결되지 못한 아쉬움이 남아 있다.

공생을 넘어 공진화

근세조선의 좋은 제도들은 진화 과정에서 새로운 형질이 생겨나는 '형질화'를 거쳐 단절적으로 공진화되는 수준에 그쳤다. 공진화 생태계를 존중하고 사회문화 생태계에 새 풍토, 적응지형도(제도 형성, 사회 디자인)를 만드는 데까지는 순항했다. 소통제도가 생존과 번식에 유리한 형질을 갖게 되었고, '공존·공생·공진화'로 적응했다.

그러나 적응형질화 과정에서, 어떤 특정 환경에서 생활하는 데 유리한 형질을 갖게 되면서 환경 흐름과 조화롭게 연결되지는 못했다. 바로 혁신적 공진화라는 명분이 현실적 이유로 좌절되고, 행동의 단절적 진화를 가져와 역사의 과제로 남게 된 것이다. 그러나 공진화 요인 축적에 성공하며 모형을 구축한 점이 자랑스럽다.

근세조선 소통 장치를 이런 점에서 '순화적 공진화'라고 이름 붙일 수 있다. 조선 혁명 초기 경쟁관계로 시작해서 협력관계로 급속히 진화되어 안정을 찾을 수 있었던 것은 '소통'을 매개로 역할 협력관계를 잘 유지했기 때문이다.

공진화 가운데 경합적 공진화는 한쪽의 적응도가 증가하면 다른 쪽이 감소하는 관계이다. 흔히 혁명과 같은 급진적인 변화 속에서 대개 한쪽이 승리하면 다른 쪽이 반드시 패배하는 관계로 구축되기 마련이다. 그런데 조선 초기에는 권력과 문화력이 짝춤을 추면서 소통을 함께 이루어 낸 '순화적 공진화' 방향으로 나아갔다.

물론 시스템에 순응하는 수준의 진화를 완벽한 공진화라고 보기는 어렵다. 그러나 근세조선에서 소통제도는 적어도 '제한적 공진화', '적응적 공진화', '순화적 공진화' 단계를 거쳤다고 볼 수 있다. 전환기 격변 때문에 발전 모델 수준을 넘어서서 공진화 모델로 나아가는 주체적 수용에는 한계를 보였다. 그럼에도 불구하고 오늘날 현대사회에 이르러 우리들의 정신문화로 승계된 부분이 적지 않게 발현되고 있다. 이는 미래 창발적 공진화 가능성으로 증명되는 개별 사례들에서 속속 증명된다.

유학에 바탕을 둔 근세조선의 소통 구조는 '공감'과 '소통'에 핵심을 두고 절제된 인간의 교환가치 욕망을 실현하려던 접근이다. 오늘날 애덤 스미스가 『도덕감정론』에서 이기심, 탐욕이 사회문화적 붕괴를 가져올지 모른다고 말하던 것을 다시 생각해 보게 한다. 잠시 잊고 있었던 '사회관계'를 자본이라고 부르며 안타깝게 여기는 지금이 바로 마지막 기회가 아닌가 하는 생각도 든다.

지금 우리는 또 다른 전환기에 알맞은 미래를 찾아야 한다. 협력관계로 진화하는 역사 속 모델을 바탕으로 '최적 공진화'로 나아가는 길을 찾는 지혜를 여러 부분에서 가동시켜야 한다.

참고문헌

가타오카 류(片岡龍), 2012, 「14세기 말에서 16세기 중반 '공공' 용례의 검토」, 『한중일 공공의식 비교연구 결과 보고서』, 한국학중앙연구원.

강병근, 1964, 「이조시대의 지방행정제도에 대한 고찰」, 『법률행정논집』 6.

강주진, 1971, 「이조 정치사연구의 제문제점」, 『한국정치학회보』 5.

고석규, 1999, 「암행어사제도의 운영과 지방통치」, 『암행어사란 무엇인가』, ICF국제문화재단.

구만옥, 2018, 「세종시대 과학기술」, 『세종시대, 애민과 소통,으로 이룬 발전』, 국립고궁박물관.

김경수, 2000, 『언론이 조선왕조 500년을 일구었다: 조선시대의 언론과 출판』, 가람기획.

김번웅·김동현·이흥재, 1992, 『미국관료제론』, 대영문화사.

김범, 2015, 『사화와 반정의 시대』, 역사의 아침.

김병일, 1976, 조선왕조의 청백리에 대한 연구, 서울대 행정대학원 석사논문.

김세은, 2001, 「유교문화와 공론권」, 『언론과 사회』 9(4).

김영모, 1967, 「이씨왕조시대의 지배층(elite)의 형성과 이동에 관한 연구」, 『중앙대학교 논문집』 12.

김영모, 1977, 「지배계층의 등용」, 『한국사의 재조명』, 독서신문사.

김영민, 2012, 「조선시대 시민사회론의 재검토」, 『한국정치연구』 21(3).

김영재, 2010, 『조선시대의 언론연구』, 민속원.

김영주, 1995, 「조선왕조 시대의 언론」, 『한국사회론: 제도와 사상』, 사회비평사.

김영주, 2014, 「조선조 경연제도 연구」, 『언론학연구』 18(4).

김용덕, 1976, 「조선시대 군주제도론」, 『창작과 비평』 40.

김용옥, 1973, 「조선조 유교의 통치이념」, 『행정학보』 7.

김운태, 1971, 「조선 후기사회의 해체과정과 정치행정 문화의 변천」, 『민족문화연구』, 고대민족문화연구소.

김운태, 1978, 「한국의 정치문화의 연속과 변화」, 『발전정책연구』 6, 서울대 행정대학

　원.

김운태, 1978, 「한국의 전통적 정치문화의 전개」, 『행정논총』 16(2), 서울대 행정대학
　원.

김운태, 1980, 「조선왕조의 정치체계에 있어서 국왕의 지위와 정무기구의 권력관계
　변천」, 『행정논총』 18(1).

김운태, 1981, 『조선왕조행정사(근세편)』, 박영사.

김태완, 2011, 『경연, 왕의 공부』 역사비평사.

김채윤, 1973, 「유형원의 계층개념에 대한 사회학적 고찰」, 『공삼민병태박사 화갑기
　념논총』.

김태영, 1978, 「조선 전기 봉건적 사회 사상 시론, 경제사획회」, 『경제사학』 2.

김해동, 1978, 「한국 관료행태의 전통문화적 제 요인」, 『행정논총』 16(1), 서울대 행정
　대학원.

도광순, 1976, 「유교의 사상적 본질」, 『창작과 비평』 42.

박경재, 1976, 조선시대의 사법행정에 대한 연구, 서울대 행정대학원.

박동서, 1961, 『한국관료제의 역사적 전개』, 한국연구도서관.

박동서, 1981, 『한국행정론』, 법문사.

박문옥, 1975, 『한국정부론』, 신천사.

박상길, 1969, 『한국통치기구발달사』, 성문각.

박성준, 2010, 조선조 군신간 관계와 공론정치에 관한 연구, 성균관대학교 대학원 박
　사논문.

박용익, 2015, 「이상적 의사소통에 대한 유교적 관점」, 『텍스트언어학 39권』.

박현모, 2004, 「조선왕조의 장기지속성 요인연구(1)-공론정치를 중심으로」, 『한국학
　보』 114.

배항섭, 2014, 「조선왕조의 정치와 공론: 19세기 향촌질서의 변화와 새로운 공론의
　대두」, 『조선시대사학보』 71, 조선시대사학회.

법제처, 1978, 『경국대전』, 일지사.

샤를르 달레, 정기수(역), 1966, 『조선교회사서설』, 탐구당.

설석규, 1995, 「조선시대 유생의 공론형성과 상소경위」, 『조선사연구』 4.

손보기, 1986, 「조선 전기의 왕권과 언관」, 『한국사연구휘보』 56, 세종대왕기념사업
　회.

송웅섭, 2010, 「조선 성종대 전반 언론의 동향과 언론 관행의 형성」, 『한국문화』 50.

송찬식, 1978, 「조선조 사림정치의 권력 구조」, 『경제사학』 2, 경제사학회.

역사학회, 1978, 『한국사논문선(IV)(조선 전기)』, 일조각.

유인선, 1993, 「베트남의 전통적 왕권개념」, 『동아사상의 왕권 동양사학회 편』, 한울출판사.

윤성범, 1966, 「이조 유림의 정치참여」, 『세대』 4(2).

이규완, 2004, 「상소에 인용된 고사의 설득용도에 관한 연구」, 『한국언론학보』 48(3).

이규완, 2009, 「조선왕조 언론 윤리체계에 관한 시론」, 『한국언론학보』 53(1).

이기백, 1980, 「한국사회발전사론」, 『한국사회·사상사 논선』, 서울 학문사.

이달순, 1972, 「조선왕조의 절대주의」, 『한국정치학회보』 6.

이상은, 1966, 「한국에 있어서의 유교의 공죄론」, 『아세아연구』 9(4), 고려대학교 아세아문제연구소.

이성무, 1967, 「선초의 성균관 연구」, 『역사학보』 35-36합본, 역사학회.

이영근, 1963, 「이씨조선시대의고시제도」, 『법제월보』 법제처.

이재호, 1963, 「조선 대간의 기능의 변천」, 『부산대학교논문집』 4.

우윤, 1997, 『우리역사를 읽는 33가지 테마』, 푸른숲.

이홍식, 1959, 「이조시대의 관료기구와 그 기능」, 『지방행정』 73.

이현정, 2008, 조선시대 권력견제 장치의 시기별 변화상(www://yeslaw.org)sub_read).

이희주, 2002, 「조선 초기 간언형태와 권력 구조」, 『한국정치학회보』 36(4).

이홍열, 1960, 「대간제도의 법제사적 고찰」, 『사총』 5, 고대문리대 사학학생회.

이흥재, 1982, 조선시대의 행정통제에 관한 연구, 서울대 행정대학원 석사논문.

이흥재, 2002, 「우리문화 창달을 위한 향교와 서원기능의 현대적 활용방안」, 한국문화정책개발원.

이흥재, 2007, 『문화재정책개론』, 논형.

이흥재, 2011, 「향교·서원의 현황과 정책운영 방향」, 전국 향교·서원 활성화 정책 토론회.

이흥재, 2018, 『4차산업혁명과 소셜디자인 문화전략』, 푸른길.

임성한, 1978, 『관료제와 민주주의』, 법문사.

전봉덕, 1968, 『한국법제사연구(암행어사제도 연구)』, 서울대출판부.

전해종, 1964, 「상소문의 격식, 내용 및 절차에 대해」, 『이상백박사 회갑기념논총』.

전해종, 1964, 「한국의 인사행정과 역사적 배경」, 『숙대논문집』 1(4).

정두희, 1980, 「집현전 학사연구」, 『전북사학』 4, 전북대사학회.

정순우, 2012, 「조선 선비들을 통해서 본 '공공성'의 개념과 쟁점들」, 『한중일 공공의식 비교연구 결과 보고서』, 한국학중앙연구원.

정순우, 2016, 「퇴계학파의 공공성 담론」, 『조선왕조의 공공성 담론』, 한국학중앙연구원출판부.

정순우 외, 2016, 「17세기 공공성 담론의 탈도학적 경향」, 『조선왕조의 공공성 담론』, 한국학중앙연구원 출판부.

정시채, 1978, 『한국관료제도사』, 화신출판사.

정약용, 이익성(역), 1978, 『다산논총』, 을유문화사.

정옥자, 2012, 『지식기반 문화대국 조선』, 돌베개.

정효섭, 1964, 「한국의 인사행정과 그 역사적 배경」, 『숙대논문집』 4.

조성환, 2019, 『이변한, 개벽파선언』, 모시는 사람들.

조좌호, 1959, 「아시아적 관인지배의 한국적 전통」, 『사상계』 47.

조중연, 1974, 「이조행정(경직) 감찰제도 고(기1)」, 『법률행정논집』 12, 고대 법률행정문제연구소.

최승희, 1974, 「조선 초기 언관에 관한 연구」, 『한국사논집』 1, 계명대 한국학 연구소.

최승희, 1976, 「조선 초기 언관에 관한 연구」, 『동아문화』 13, 서울대 동아문화연구소.

최승희, 1981, 「조선 초기 언관에 관한 연구: 집현전의 언관화」, 『한국사논문선집』 4, 일조각.

최승희, 1989, 『조선 초기 언관 · 언론 연구』, 서울대학교출판부.

최우영, 2002, 조선중기 사림정치의 공공성, 연세대학교 대학원 박사논문.

최창규, 1973, 「근세조선조 정치사상과 유교이데올로기」, 『공삼 민병태 박사 화갑기념논총』.

최창규, 1977, 「조선조 유교의 통치이념」, 『한국사의 재조명』, 독서신문사.

한우근, 1956, 「신문고의 설치와 실제적 효능에 대해」, 『이병도 박사 화갑기념논총』.

한우근, 1961, 「엽관운동론」, 『사상계』 90.

한우근, 1970, 「조선왕조에 있어서의 언권」, 『인권연보』, 법무부.

한우근, 1976, 『한국통사』, 을유문화사.

한형조, 2008, 『왜 조선유학인가』, 문학동네.

현상윤, 1972, 「조선유학의 조선사상사에 미치는 영향」, 『한국현대명논설집』, 동아일보사.

현상윤, 2000, 『한국유학사』, 현음사.

홍이섭, 1964, 「이씨조선 행정연구의 문헌과 자료」, 『법률행정논집』 6, 고대 법률행정 연구소.

중앙선데이, 2014.2.23., 한·중·일 3국의 선비 문화.

국사편찬위원회, 승정원일기 홈페이지(http://sjw.history.go.kr/intro/intro_05.jsp)

국사편찬위원회, 조선왕조실록 홈페이지(http://sillok.history.go.kr/main/ main.jsp)

국사편찬위원회, 한국사데이터베이스 홈페이지(http://db.history.go.kr)

君塚大學, 1996, 「文化権力としてのヘゲモニー」, 『佛敎大學』 佛敎大學社会学研究 室, 21.

君塚大學, 1998, 「組織内のコミュニケーションと権力」, 『社会科学部論集』 31, 仏敎 大学 社会学部.

君塚大學, 1999, 「儒敎文化の概念規定」, 『佛敎大學綜合研究所紀要』, 佛敎大學綜 合研究所.

王敏, 2012, 儒敎觀に対する日中韓の違い(http://www.nippon.com/ja/column/ g00072/).

光明日報, 1998, 文化力与社會发展(http://www.gmw.cn/01gmrb/ 1998-08/07/ GB/17777%5EMG5-0703.HTM).

색인